Daniel A. Kempken

# Schlaglichter Ecuador 2010

AF286076

### Highlights und Tipps
### Geheimtipps und Kuriositäten

Mit Galápagos,
den verzauberten Inseln

Alle Rechte vorbehalten.

Nachdruck und Vervielfältigung, auch auszugsweise,
nur mit schriftlicher Genehmigung des Autors.

© 2010 Daniel A. Kempken, Berlin

Umschlaggestaltung/Layout/Satz:

Konzept · Art · Text  Peter Wolff, Mönchengladbach

Herstellung und Verlag: Books on Demand GmbH

ISBN: 9783833431463

2. überarbeitete und erweiterte Neuauflage 2010

Daniel A. Kempken wurde im Jahre 1955 in Mönchengladbach geboren. Er hat die Juristerei studiert und danach als Rechtsanwalt und Notar gearbeitet. Davor und zwischendurch war er Fließbandarbeiter, Trödler, ehrenamtlicher Sozialarbeiter und Reiseleiter. Seit 1989 arbeitet er in der Entwicklungszusammenarbeit. Seine Reisen führten ihn in diverse Länder vor allem Afrika und Lateinamerika. Gelebt hat er in Deutschland, Spanien, Sambia und Ecuador. Seit 2005 ist er die meiste Zeit in Berlin.

Mehr unter *www.danielkempken.de*

Äquator

San Lorenzo

Esmeraldas
Borbón

Río Santiago

Cumbal
4764m
Tulcán
Ipiales
P.

Río Esmeraldas

Cotacachi
4939m
Ibarra
Cotacachi
Otalavo
Cayambe
5790m
Mitad
del Mundo
Calderón
Cayambe

Santo Domingo
de los Colorados
Quito
Sangolqui

Antisana
Baeza
5704m
Loreto

Iliniza
5263m
Cotopaxi
5897m
Cotopaxi
N.P.

Saquisili
Latacunga
Tena

Manta
Quevedo
Ambato
Montecristi
Portoviejo
Velasco
Ibarra
Chimborazo
6310m
Altar
5139m
Puyo

Puerto Lopez
Guaranda
Riobamba
Sangay N.P.

Montanita
Sangay
5230m
Río Pastaza

Daule
Babahoyo
Guayaquil
Alausi
Eloy Alfaro
Macas

Azogues
Mendez
Cuenca

Machala
Pasaje

Tumbes
Zaruma

Loja
Zamora
Podocarpus
N.P.
Vilcabamba

4

# Die Galápagos Inseln

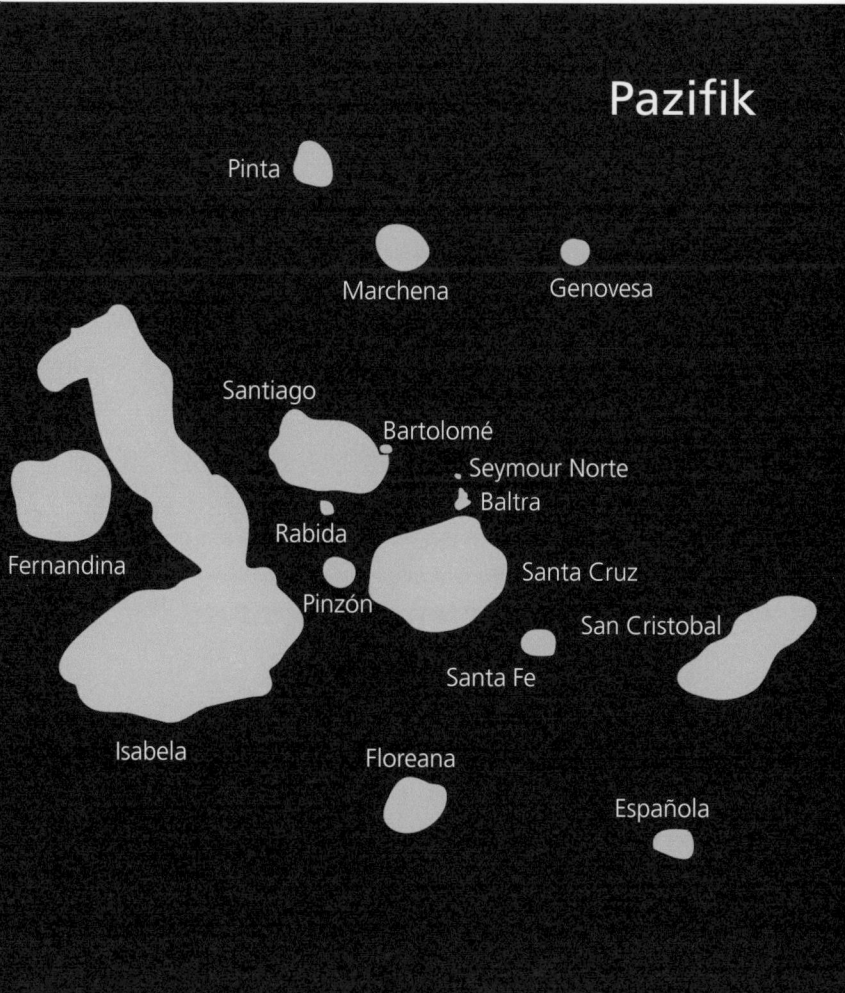

Pazifik

Pinta

Marchena

Genovesa

Santiago

Bartolomé

Seymour Norte

Baltra

Rabida

Fernandina

Santa Cruz

Pinzón

San Cristobal

Santa Fe

Isabela

Floreana

Española

*Liebe Leserinnen und Leser,*

fünf Jahre nach den ersten Schlaglichtern Ecuador ist nun dieses Büchlein erschienen.

Ich war für drei Monate vor Ort und habe für die Schlaglichter 2010 recherchiert, aktualisiert und ergänzt. Vieles habe ich neu entdeckt und hinzugefügt, wie das einzigartige Cuyabeno-Reservat, verborgene Ecken im kolonialen Quito, das viel zu wenig beachtete Minenstädtchen Zaruma und Galápagos, jenes Paradies der Evolution, das so manches andere touristische Highlight locker in den Schatten stellt. Andere Passagen sind gleich geblieben; immer dann, wenn auch die Wirklichkeit sich nicht verändert hatte.

Die „Schlaglichter Ecuador 2010" sind Lesebuch und Reiseführer zugleich, ein Büchlein für Leute, die

- kein dickes Buch mit sich herumschleppen wollen,
- die touristischen Highlights kennen lernen wollen,
- den einen oder anderen Geheimtipp suchen,
- Spaß an Kuriositäten haben,
- Hotels und Restaurants mit Stil und Authentizität bevorzugen.

Ich erhebe mit den Schlaglichtern keinerlei Anspruch auf Vollständigkeit und wünsche eine spannende Reise durch ein faszinierendes kleines Land in Südamerika. Übrigens: Stil und Authentizität können, aber müssen nicht immer viel Geld kosten.

Willkommen in Ecuador

*Ihr Daniel Kempken*

Dank und Fotonachweis:

Großen Dank schulde ich meiner Frau Ingrid für das Lektorat, Ulla Preis und Peter Wolff für die Gestaltung des Buches. Constanze Kretschmer (S. 63, 65, 66, 68, 89, 95), Volker Feser (S. 51, 98), Peter Korneffel (S. 45, 47, 104) und das Portal Ecuadorline (S. 78, 82) haben tolle Bilder beigesteuert. Auch ihnen vielen, vielen Dank!

*Gestatten,*
*die **Jungfrau von Quito**.*

Manche finden die 42 Meter hohe Aluminiumfigur auf dem Pane-cillo-Berg hinter der Altstadt von Quito potthässlich, andere mögen die Jungfrau von Quito sehr gerne. In der Tat sieht die gewaltige Statue völlig unterschiedlich aus, je nachdem von welcher Seite man sie anschaut und welches Wetter gerade herrscht. So gesehen hat sie etwas sehr Mensch-liches. Auch wir sind ja **mal hässlich und mal schön**, haben unsere Schokoladenseite und unsere dunkle Seite; selbst Filmstars schaffen es nicht, auf allen Fotos zu glänzen, die man von ihnen macht.

Von Westen, noch dazu an düsteren, von Wolken verhangenen Tagen kann die Statue fast schon abstoßend aussehen, ein gefallener Engel, aus dem Himmel verstoßen und zu ewiger Hässlichkeit verdammt. Betrachtet man sie indes bei Sonnenschein im Halbprofil von Nordos-ten, ja dann tänzelt sie anmutig vor einem strah-lend blauen Andenhim-mel. Dann zeigt sie ihr traumschönes Antlitz, das dem berühmten „Gesicht Amerikas" des ecuadorianischen Ausnahmekünstlers Guayasamin gleicht.

Gestaltet wurde die außergewöhnliche Figur im Jahre 1976 von dem spanischen Künstler Austín de la Herrán. Nachempfunden hat er sie der

Jungfrau von Quito im Hochaltar der San Francisco Kirche, die im 18. Jahrhundert von Bernardo Legarda geschaffen wurde. Sie verkörpert die in der Offenbarung des Johannes (Kapitel 12 – das Weib und der Drache) beschriebene Madonna, die einzige geflügelte Jungfrau in der sakralen Kunst. Hier **ihre Geschichte im Originalton:**

„Und es erschien ein großes Zeichen am Himmel: ein Weib, mit der Sonne bekleidet, und der Mond unter ihren Füßen und auf ihrem Haupt eine Krone von zwölf Sternen. Und sie war schwanger und schrie in Kindesnöten und hatte eine große Qual bei der Geburt. Und es erschien ein anderes Zeichen am Himmel, und siehe, ein großer, roter Drache, der hatte sieben Häupter und zehn Hörner und auf seinen Häuptern sieben Kronen, und sein Schwanz fegte den dritten Teil der Sterne des Himmels hinweg und warf sie auf die Erde. Und der Drache trat vor das Weib, das gebären sollte, auf dass, wenn sie geboren hätte, er ihr Kind fräße ... und ... der Drache verfolgte das Weib, die das Knäblein geboren hatte. Und es wurden dem Weibe gegeben die zwei Flügel des großen Adlers, dass sie in die Wüste flöge an ihren Ort, wo sie ernährt würde eine Zeit und zwei Zeiten und eine halbe Zeit fern von dem Angesicht der Schlange."

### Gestatten, ich bin der **Landleguan**,

eins der beliebtesten Galápagos Tiere. Manche nennen mich auch Drusenkopf. Ich habe geschickte Hände, fast wie ein Mensch, und mit Krallen daran, so wie Nosferatu. Doch ich bin nicht nachtaktiv und sehr friedfertig, so wie die anderen Galápagos Tiere auch. Deshalb müssen wir geschützt werden. Wir sind darauf angewiesen, dass der Mensch keine anderen Tiere auf unsere Inseln bringt und sein eigenes Verhalten an unseren Lebensraum anpasst. Tut er das nicht, dann ist der Mensch unser ärgster Feind.

# Inhalt

Schlaglichter

1 Plaza Grande
2 San Francisco
3 La Compañia
4 San Agustin
5 San Diego
6 Basilica del Voto Nacional
7 Plaza Santo Domingo
8 Centro Cultural Itchimbia
9 Panecillo
10 Parque Ejido
11 Carmen Alto

# 1. Schlaglicht
## Quito

*Blick auf Quito von der Teleférigo-Seilbahn*

**Highlights:**

Das absolute Highlight ist die **Altstadt**. Zusammen mit Krakau war Quito 1978 die erste Stadt überhaupt, die von der UNESCO zum Weltkulturerbe ernannt wurde. Lassen Sie sich treiben, schauen Sie durch halbgeöffnete, verwurmte Tore in wunderbare Patios mit Brunnen, Blumen und Arkadengängen. Entdecken Sie einen Hutmacher in seinem verstaubten Atelier oder einen uralten Gitarrenbauer bei der Arbeit. Spüren Sie den Hauch der Vergangenheit, leben Sie für ein paar Stunden in einer längst verflossenen Zeit.

Nicht fehlen darf bei Ihrem Rundgang der große Platz, die **Plaza Grande**, auch Plaza de la Independencia genannt, mit dem Regie-

*Die Plaza Grande*

rungspalast und der Kathedrale, die imposante Kirche **San Francisco**, in deren Hauptaltar das Original der geflügelten Jungfrau von Quito steht und die prachtvolle **La Compañia** auf der Calle García Moreno, in der das meiste Gold verarbeitet wurde (7000 Kilo). Wegen seiner quasi unzähligen Gotteshäuser und Konvente wird Quito auch das Kloster Lateinamerikas genannt. Das interessanteste Klostermuseum ist **San Agustin** mit der düsteren Heldengruft unter dem prächtigen Kapitelsaal und seiner ansehnlichen Sammlung von Meisterwerken der Schule von Quito.

Die älteste Straße Quitos ist die malerische **Calle La Ronda**. Sie liegt etwas südlich der Plaza Santo Domingo auf der Avenida Maldonado dem Trolley Bus folgend und auf der Steinbrücke dann rechts die Treppen hinunter. Vor vielen, vielen Jahren schmachteten in der La Ronda die Barden vor den hübschen Balkonen mit den bunten Blumentöpfen und hofften, dass ihre Angebetete erschien. Heute reihen sich Kneipen und Restaurants, Galerien und nette Geschäftchen wie Perlen auf einer Kette aneinander. An den Wochenenden tanzt der Bär durch das antike Sträßchen – La Ronda, die ecuadorianische Variante der Düsseldorfer Altstadt.

**Tipps:**

Eine ganz besondere Sehenswürdigkeit ist das **Kloster San Diego** am südwestlichen Rand der Altstadt. Die Gegend um San Diego ist nicht gerade vornehm; die Anfahrt sollte mit dem Taxi erfolgen. Im Kloster knarren morsche Türen in ihren verrosteten Scharnieren; hoch betagte, aber auch einige junge Nonnen leben hinter meterdicken Mauern und meditieren, eingehüllt in schwere, dunkelbraune Kutten. Die steinerne Tür zur feuchten Gruft hinter dem dunklen

*Kloster San Diego*

Altar wiegt eine Tonne; und so lebt das Mittelalter für nur zwei Dollar Eintritt. Nehmen Sie einen Walkman mit und legen Sie eine CD mit Gregorianischen Chorälen ein. Dann ist das Gruselerlebnis perfekt. Gewidmet ist das Kloster übrigens San Diego de Alcalá, dem einzigen katholischen Heiligen, der jemals auf den Kanarischen Inseln gelebt hat. San Diego hatte sich dort einen Namen gemacht, weil es ihm gelang, in der Kirche von Betancuria auf Fuerteventura den Teufel festzusetzen. Dummerweise hat ein ahnungsloser Bauer den Satan wieder freigelassen, weil ihm der „arme Teufel" Leid tat.

Gleich neben dem Kloster liegt der ebenfalls sehenswerte Zentralfriedhof mit seinen Tausenden von landesüblichen Gräbern, die wie Schließfächer in einem Bahnhof aussehen: Einliegerwohnungen für die Ewigkeit.

Die Aussicht vom **Panecillo-Hügel** mit der riesenhaften Jungfrauen-Statue hinter der Altstadt ist phänomenal, am Morgen auf die Südstadt und mit gutem Wetterglück sogar auf den Cotopaxi; am Nachmittag scheint die Fotosonne auf die Altstadt. Wenn man nach Westen schaut, zeigt sich im Massiv des Pichincha mit ein bisschen Fantasie das Gesicht von Marschall Sucre. Der ecuadorianische Freiheitskämpfer starrt in den Himmel als ob er im Bette läge. Sucre ist leicht verschnupft; denn im Zeichen des Fortschritts hat man ihm eine Stromleitung direkt unter seine aristokratische Nase gelegt.

Der Klassiker unter den guten Hotels ist das **Hotel Quito** am nördlichen Ende der Avenida 12 de Octubre, im mittlerweile Zeitgeschichte gewordenen Monumental-Beton-Stil der 60er Jahre. Nicht ganz so luxuriös wie die modernen 5-Sterne Häuser, aber charmanter, freundlicher, preisgünstiger und mit einem unvergleichlich schönen Blick ins Tal von Cumbayá, bei klarem Himmel sogar auf den Vulkan Cayambe (Doppelzimmer ca. 100 US$). Für Freunde einer gediegen französischen Atmosphäre mit Geschmack, Stilmöbeln und Antiquitäten empfehle ich gern das **Hotel Antinea** Ecke Diego de Almagro und Juan Rodriguez im Herzen der Mariscal, dem Vergnügungs-, Hotel-, und Souvenirviertel Quitos (Doppelzimmer ca. 75 US$). Und wer ein ganz einfaches Hotel mit Stil und Gemeinschaftsbädern sucht, der gehe in das sympathische **Cafecito**, auf der Cordero zwischen Reina Victoria und Juan Leon Mera (Zimmer ca. 10 US$). Sehr gut aufgehoben – sozusagen mit Traveller-Familienanschluss ist man in der **Casa Helbling** auf der Calle Veintimilla E8-152. Angenehme Zimmer, gemütliche Bar, Aufenthaltsräume, Waschmaschine, Bibliothek, viele Reiseinfos und ein netter Wirt aus Deutschland (Doppelzimmer ab 25 US$).

Gut wie eh und je: das renommierte Restaurant **Rincón de Francia**, Ecke Calle Roca und Calle 9 de Octubre in der Mariscal. Edel, ausgezeichnete französisch-internationale Karte und aufmerksam, routinierter Service. Die gediegene Inneneinrichtung hat für meinen Geschmack einen etwas zu intensiven Dorfkrug-Touch; so bin ich doch jedes Mal versucht, zwischen Servietten in Altrosa, Messingschalen und Eichenholz ein Bildnis vom röhrenden Hirschen zu suchen. Ein paar Straßen weiter, an der Ecke Calle Carrión und Calle 9 de Octubre hat ein französischer Küchenchef mit seiner ecuadorianischen Gattin ein charmantes Stückchen Paris nach Quito verpflanzt und es **Le Petit Pigalle** genannt. Kreative Degustationsmenus, perfekte Rezepte und schlichter Chic, so wie es halt nur die Franzosen können. Da wirken die Montmartre-Bilder an der Wand überhaupt nicht kitschig.

Sehr empfehlenswert ist auch das alteingesessene Meeresspezialitäten-Restaurant **Mare Nostrum** an der Ecke der Straßen Tamayo und Foch. Eingerichtet ist es wie eine Ritterburg; Fische und Krustentiere sind vom Allerfeinsten. Gute Fleischgerichte und argentinisches Ambiente hat das **Pequeño Arobal** auf der Juan Leon Mera Ecke Mariscal Foch. Ein richtig kuscheliger Laden: die **Taverna Padovana** an der Ecke Calle Juan Leon Mera und Joaquim Pinto, italienisch, sympathisch mit hervorragendem Kaffee und hausgemachter Pasta, so verspricht es die Eigenwerbung – und sie stimmt.

Aber warum sollte man nicht auch mal einen schönen Abend in der Altstadt verbringen, sie ist viel sicherer und weiß Gott nicht mehr so finster und tot wie sie vor ein paar Jahren mal war. Man sucht nicht mehr verzweifelt nach einem vernünftigen Lokal; nein, heutzutage hat man die Qual der Wahl: Gleich an der Plaza Grande haben sich in den malerischen Innenhöfen des **Palacio Arzobispal** außer dem empfehlenswerten Nobelrestaurant **Mea Culpa** eine ganze Reihe von einfacheren Gaststätten, Cafeterías und Andenkenläden etabliert. Bummeln Sie mal durch die herrlichen Arkaden und verweilen in einem der vielen netten Lokale, vielleicht im **Hasta la Vuelta Señor** auf der Galerie im 2. Stock: sehr schmackhafte, quiteñische Küche, und auf der Speisekarte wird eine sympathische Legende erzählt, die den Namen des Wirtshauses erklärt.

Einen Straßenzug weiter an der Ecke Calle Chile und Calle Benalcázar finden Sie wie eh und je, genauer gesagt seit 1963 das Restaurant **Las Cuevas de Luis Candelas**, eine richtig gemütliche Kellerhöhle mit vergilbten Bildern an den Wänden – nicht schlecht für ein verliebtes Tête à Tête. Ein schickeres Ambiente bietet das Restaurant in dem wunderbaren Innenhof des Luxushotels **Patio Andaluz** (Calle García Moreno N6-52). Eins der besten und elegantesten Lokale der Stadt ist schließlich das **Theatrum**; seine schweren, roten Übergardinen passen perfekt zu dem neoklassizistischen Gebäude des Teatro Sucre, wo das Restaurant untergebracht ist (Plaza del Teatro).

Souvenirs und Kunstgewerbe gibt es in Quito in allen Preisklassen, Vollkommenheiten und Schrecklichkeiten. Ich empfehle einen Einkaufsbummel im bunten Mariscal-Viertel, am besten die Calle Juan Leon Mera einmal auf und einmal ab. Wenn Sie die schicke **Galería Latina** (Haus Nr. N23-69) betreten, ist Ihnen eine riesige Auswahl und hohes Niveau genauso sicher wie die traurige Brieftasche. Manche der Dinge bekommt man auf dem **Indígena-Markt** an der Ecke zur Calle Jorge Washington (schräg hinter dem großen Hilton Colon Hotel) für die Hälfte des Geldes, aber eben nur manches, irgendwo zwischen Haufen von buntem Kram und billigstem Krempel. Gut sortiert mit viel Hübschem und sogar dem einen oder anderen alten Stück ist **La Bodega**, seit 1974 im Haus Nr. N22-24. In den traditionsreichen Geschäften von **Olga Fish** im Luxushotel Patio Andaluz (Calle García Moreno) und in der Neustadt auf der Colón E10-53 bei der Calle Plácido Caamaño finden Sie Kunstgewerbe der feineren Sorte und einige antike Stücke, allerdings keine Sparpreise.

Der 1999 verstorbene Oswaldo **Guayasamin** war der Picasso Ecuadors. Seine ergreifenden Bilder und seine ausdrucksstarken Skulpturen, sogar eine ihm gewidmete Kapelle, die **Capilla del Hombre** können Sie im nordöstlich gelegenen Stadtteil Bellavista bewundern. Ein richtiger Leckerbissen für alle Liebhaber moderner und expressionistischer Kunst. In den Arkadengängen der Palacio Arzobispal an der Plaza Grande in der Altstadt gibt es ein sehr hübsches Andenkengeschäft, das ebenfalls Stücke von Guayasamin anbietet.

**Geheimtipps:**

Sehr authentisch und leicht verstaubt sind die **klassischen Kaffeehäuser Quitos**, genauso alt wie die traditionsbewussten, meist schnauzbärtigen Herren in ihren abgetragenen, dunklen Anzügen, die zum Inventar gehören: Viel Tradition und Ambiente hat die **Heladería San Agustin** (anno 1858 und im Jahre 2004 gekonnt renoviert) auf der Calle Guayaquil gleich gegenüber der mächtigen Mauer des Klosters San Agustin. Besonders schön ist die erste Etage, wo zwischen alten Fotografien und Gemälden eine große Replik der Jungfrau von Quito die Gäste beschützt. Die **Cafetería Modelo** auf der Calle Sucre, Ecke García Moreno gibt es seit 1950, auf der Calle Venezuela N6-29 unweit Ecke Calle Mejia hat sie eine Zweigstelle.

Ein noch eindringlicheres Erlebnis ist es, mal **eine Nacht in einem nicht zu luxuriösen Hotel** in der Altstadt zu verbringen. Es gibt Ihnen ein anderes, intensiveres Gefühl für lebendige Vergangenheit als nur am Tage zusammen mit den anderen Touristen dort zu sein. Da wabert mit den Schwaden des häufigen Gebirgsnebels eine 500 Jahre alte Geschichte durch die stei-

*Kleinkunst ganz groß: Casa del Artista*

len Gassen. Am nächsten Morgen dann das Frühstück in einem betagten Patio und der Besuch beim Schuhputzer unter den Arkaden der Plaza Santo Domingo oder der Plaza Grande. Besonders geeignet für einen solchen stimmungsmäßigen Selbstversuch ist das **Hotel San Francisco** an der Ecke Calle Sucre und Calle Guayaquil mit seinem wunderbaren Innenhof (ca. 40 US$ das Doppelzimmer). Oder das schlichte und so richtig schön altmodische **Hotel Viena Internacional** an der Ecke Calle Chile y Calle Flores (ca. 20 US$ das Doppelzimmer).

Kleinkunst ganz groß: jeden Samstag von 15.00 Uhr bis 19.00 Uhr in der **Casa del Artista**, eine megasympathische Bühne im Innenhof eines alten Patrizierhauses auf der Calle García Moreno N6-78 im Herzen von Quito. Da wechseln sich schmachtende Barden mit andinen Spice Girls und gefühlvoll dramatischen Sängerinnen ab. In der Casa del Artista gehen Chansons noch ans Herz. Spritzige Conferenciers in Mafia-Anzügen und die Tanznummern von La Bella Aurora, der Chefin des Etablissements machen die Sache rund. Das Publikum geht mit, und so mancher Traum einer großen Karriere wird geträumt. So muss es in Paris gewesen sein, als Toulouse-Lautrec die Plakate fürs Moulin Rouge malte und Gauguin noch völlig unbekannt war (Eintritt nur 1 Dollar).

Im Norden der Altstadt von Quito steht die **Basílica del Voto Nacional**, eine alle Kolonialkirchen bei weitem überragende, neugotische Kathedrale. Dem monumentalen Bauwerk sollen Baupläne des Kölner Doms zugrunde gelegen haben. Die Basilika ist nach etwa

*Basílica del Voto Nacional*

hundert Jahren Bauzeit Mitte der 90er Jahre des 20. Jahrhunderts fertig gestellt worden. Sie können über luftige Wendeltreppchen und schmale Eisenstiegen in den rechten Glockenturm und in den Turm über dem Hauptschiff kraxeln: ein hautnahes Abenteuer, das zeigt, wie viel Raum die neugotische Architektur der Luft zwischen den Steinen lässt. Schwindelfreie sind hier dem Himmel sehr nahe, Infarktgefährdete auch.

**Kuriositäten:**

**Sauna** muss ja nichts unseriöses sein; und dennoch war ich verwundert, in den Gewölben der Basilika del Voto Nacional einen Ausstattungsladen für Freunde des Badevergnügens zu finden. Und in dem rechten der beiden Kirchtürme gibt es in luftiger Höhe eine **Cafétería** mit einem fantastischen Blick über die ganze Altstadt.

In der Santo Domingo-Kirche steht – wie in vielen anderen Kirchen auch – zwischen all den düsteren Heiligen und bluttriefenden Kruzifixen der **Divino Niño**, ein pausbäckiges Christkind in einem rosafarbenen Morgenmantel. Es lächelt

zufrieden wie das Zwieback-Baby und verkündet mit einer Aufschrift auf seinem Sockel: Yo reinaré – ich werde herrschen. Irdischer Vater dieser Christus-Variation ist der Salesianerpater Juan del Rizzo. Er erstand die Figur Mitte des 20. Jahrhunderts von einem Künstler in der kolumbianischen Hauptstadt Bogotá, und von dort trat der putzige Divino Niño seinen Triumphzug in viele lateinamerikanische Kirchen und abertausende von Devotionaliengeschäfte an.

**Hotel Quito**
02-2544600
www.hotelquito.com
reservaciones@hotelquito.com

**Hotel Antinea**
02-2506838/839
www.hotelantinea.com
info@hotelantinea.com

**Hostal Cafecito**
02-2234862
quito@cafecito.net

**Casa Helbling**
02-2565740 · 02-2226013
www.casahelbling.de
casahelbling@yahoo.de

**Hotel Patio Andaluz**
02-2280830
www.hotelpatioandaluz.com
cialcotel@hotelpatioandaluz.com

**Hotel San Francisco**
02-2287758 · 02-2951241
www.sanfranciscodequito.com.ec

**Hotel Viena Internacional**
02-2954860
02-2959611
www.hotelvienaint.com

## 2. Schlaglicht
# Umgebung von Quito

*Die Humboldt-Hütte am Antisana*

**Highlights:**

Auch wenn die Installationen nicht mehr ganz so schick sind wie zur Eröffnung im Jahre 2005, auch wenn der alberne Vergnügungspark an der Talstation einen kindsköpfigen Misston in das grandiose Andenpanorama setzt: Die Fahrt mit der Seilbahn **Telefériqo zum Pichincha**, dem Hausberg Quitos, ist ein touristisches Muss, eine ergreifende Reise von der großen Stadt in eine andere Welt. Sie steigen auf einer Höhe von 3000 Meter ein und schweben auf etwa 4000 Meter zur höchsten Bergstation der Welt. Der Blick zurück auf die wie eine schlafende Krake in ihrem Tal liegende Stadt ist eine Wucht. Mit ein bisschen Glück steht ein Hochland-Indianer an der Bergstation und stimmt Sie mit seiner schwermütigen Panflöte auf die Stille des Páramos ein. Der schroffe Zacken des **Rucu Pichincha** ragt wie eine Installation aus der Galerie des Teufels in den azurblauen Himmel. Davor ein grünlich-brauner Teppich aus Flechten, Moosen und Bromelien, in dem sich hier und da ein verkrüppelter Strauch behauptet. Fast unwirklich bunte Blüten nehmen der ergreifenden Landschaft einen Teil ihrer Melancholie.

Von hier aus kann der Rucu Pichincha bestiegen werden; man benötigt etwa 3 Stunden hinauf und etwa 2 Stunden für den Abstieg. Zuerst ist es ein breiter Spazierweg, der sich gleich hinter der Bergstation auf den erloschenen Vulkan zu schlängelt. Flachlandtiroler und nicht Schwindelfreie sollten nach etwa 2 Stunden umkehren, weil danach an einigen Stellen an den Felsen entlang gekraxelt werden muss. Ein immer möglicher Wettereinbruch kann die Wanderung zum Himmelfahrtskommando machen, und tatsächlich ist schon so mancher „Mutige" auf nimmer Wiedersehen in die Tiefe gestürzt. Selbstredend ist das Andengefühl auch auf dem ersten Teil der Wanderung schon fantastisch. Auf über 4000 Meter muss man ein bisschen pusten; es kann sich aber auch ein Gefühl gedämpfter Zeitlosigkeit und Euphorie einstellen. Die Anfahrt von Quito zur Talstation erfolgt am Besten mit dem Taxi und kostet etwa 3 US$. Und dann heißt es: ins Hochgebirge schweben und abheben.

Neben dem seit vielen hundert Jahren erloschenen (alten) Rucu Pichincha hat der Hausberg Quitos noch einen zweiten Gipfel, den nach wie vor aktiven Guagua (Baby) Pichincha. Ende des Jahres 1999 war das Vulkanbaby wieder einmal schlecht gelaunt. Der **Guagua Pichincha** bedeckte die Hauptstadt Ecuadors mit einer mehr als zwei Zentimeter hohen Ascheschicht. Dies sollte Sie nicht davon abhalten, dem Feuerberg mal einen Besuch abzustatten. Nehmen Sie die Avenida Occidental / Avenida Mariscal Sucre durch die Tunnel westlich der Altstadt nach Süden. Nach etwa 5 Kilometern und ca. 1,5 Kilometer hinter dem Einkaufzentrum Atahualpa/Supermaxi geht es über die Calle Angamarca durch einen kleinen Vorort rechts hoch in die

Berge. Die geteerte Straße führt über eine Kuppe vorbei an der „Virgen del Cinto" in das saftig, fruchtbare Tal von Lloa mit seinen schwarz weiß gefleckten Holstein-Kühen. Fahren Sie rechts an der Kirche des verschlafenen Ortes vorbei über einen 15 Kilometer langen, steilen Feldweg zu der auf 4400 Meter Höhe gelegenen Schutzhütte. Bei klarem Wetter erleben Sie einen **Stapellauf von mehr als zehn Vulkanen**. Manchmal kann man sogar das ewige Eis des 170 Kilometer entfernten Chimborazo in der Ferne schimmern sehen. Auch an bedeckten Tagen faszinieren auf 4000 Meter Höhe leuchtend orange Blüten an fast mannshohen Kandelaberkakteen. Von der an die Ostflanke des Berges gekauerten Schutzhütte fehlen nur noch 300 Meter zum **Kraterrand**, der praktisch senkrecht nach Westen abfällt. Leichter Schwefelgeruch und eine grandiose Aussicht. Eine Übernachtung in der Stille der Landschaft am Fuß des Guagua Pichincha ist möglich in der kuscheligen Hazienda La Antigua (vgl. Kapitel Haziendas).

Der durch den Bau der umstrittenen Erdölpipeline OCP berühmt gewordene **Märchenwald** bei Mindo ist eine andere Welt am Rande der großen Stadt. Graue Nebelschwaden umspielen triefende Moose, verkrüppelte Äste und undurchdringliche Flechten. Bataillone von bunten Riesenfarnen führen uns in grün, grau, rot und braun die Blüte und den Zerfall allen Lebens vor. Und inmitten dieses verzauberten Waldes liegt ein ganz aus Holz und Bambus errichteter Dom, wo Kolibris wie Spielzeughubschrauber um bunte Glasgefäße mit Zuckerwasser brummen: die **Bellavista Cloud Reserve** des naturbewegten Engländers Richard

*Aufstieg zum Rucu Pinchincha*

Parson (pro Person 95 US$ einschließlich 3 Mahlzeiten; im großen Schlafsaal 25 US$ ohne Mahlzeiten). Bellavista liegt an der alten Straße von Quito über Nono nach Mindo, ganz in der Nähe von Tandayapa, einem pittoresken Weiler mit bunt angepinselten Holzverschlägen. Im Zuge des Pipelinebaus ist der einst-

*Guapulo und das Tal von Cumbayá*

mals verwunschene Hohlweg am plätschernden Bach fast Sattelschlepper-tauglich gemacht worden, doch langsam wächst die Zivilisationsmensur wieder ein wenig zu.

Das charmante Ökodorf und Ornithologenparadies **Mindo** macht in Mülltrennung wie die Deutschen und hat sich ganz dem Fremdenverkehr verschrieben: Es bietet genügend Hotels aller Preisklassen und eine nette Müsli-Atmosphäre.

**Tipps:**

**Guápulo** liegt fast mitten in der großen Stadt und ist doch ein romantisches, bohemehaftes Dorf. Auf dem steilen Sträßchen, über das einst Francisco de Orellana gen Amazonasmündung zog, leben heute in bunter Reihe mit den Alteingesessenen diverse Aussteiger und Künstler, die gerne um ihre Künstlerkneipen ziehen. Da gibt es das fast schon legendäre **Café Arte** und etwas weiter unten das hübsche **Café Chiquito**, wo auch Kaffee und Kuchen mit im Kulturprogramm sind. Noch weiter im Tal steht die sehenswerte Wallfahrtskirche mit ihrer grünlich schimmernden Kuppel und einer der

schönsten vergoldeten Kanzeln in ganz Lateinamerika. Direkt unter-
halb des Hotels Quito haben Sie von der gemütlichen Cafébar
**„Mirador de Guápulo"** einen fotogenen Blick auf die Kloster-
kirche und ins Tal.

Im Vergleich zu dem auf 2800 Höhenmetern gelegenen Quito ist
das Klima im **Tal von Cumbayá und Tumbaco** deutlich milder. Hier
herrscht der ewige Frühling in seiner milden, sommerlichen Variante.
Der Blick auf die umliegende Gebirgslandschaft ist erste Sahne; kein
Wunder, dass betuchte Quiteños und zahlungskräftige Ausländer sich
hier mit Vorliebe niederlassen. Wenn Sie dies in ihrem Urlaub auch tun
möchten, sind sie gut aufgehoben bei **Bed & Breakfast Tumbaco**,
einer idyllische Herberge, geschmackvoll arrangiert und liebevoll
geführt von dem ecuadorianisch-holländischen Paar Patricia und
Gerrit (hübsche Bungalows für 60 US$ pro Nacht). Auch dort unten
im Tal kann man Spanisch-Kurse buchen und eine Menge spannender Touren unternehmen: mit Pferden oder auch zu Fuß auf den
Berg Ilaló; zu den Thermen von Papallacta ist es nur eine Stunde im
Auto. Sehr zu empfehlen ist eine Wanderung oder Radtour auf der
alten Eisenbahntrasse von Cumbayá nach Puembo, ganz besonders
auf dem Stück kurz hinter Tumbaco. Dort geht es durch mehrere Jim
Knopf-Tunnel entlang an den steilen Hängen einer Caspar David
Friedrich-Schlucht. Sie heißt „Cañon del Chinche" und hat einem
toll gelegenen Restaurant unten am Fluss seinen Namen gegeben.

An der Umgehungsstraße von Quito durch das andere Tal (Valle
de los Chillos) über San Rafael in den Süden gibt es gleich zwei **sehr
gute Restaurants**. Zwischen Sangolqui und Amaguaña liegt auf
der linken Seite das **El Cortijo**, eine stilvolle Hazienda aus dem Jahre
1942. Sehr schmackhafte und ausgefallene Gerichte; bei schönem
Wetter sitzt man einmalig schön in dem gepflegten Innenhof
zwischen gelben, roten und violetten Bougainvillea. Und deutsch
spricht die Besitzerin auch. Ein Stückchen weiter in Richtung Süden
ist **Matilde**, ein Restaurant der Spitzenklasse in einem über eine
malerische Schlucht gebauten Lehmhäuschen mit bunten Bauern-

möbeln und einem knisternden Kaminfeuer. Rustikal vom Feinsten. Man muss die Zufahrt ein bisschen suchen; etwa 500 Meter hinter dem hässlichen Turm der Schnaps-fabrik Trópico auf der linken Seite der Straße.

An der Straße von Quito über Baeza nach Amazonien liegt das eigentlich furchtbar langweilige Örtchen **Papallacta**; gäbe es da nicht wunderbare, dampfende Thermalquellen inmitten einer schroffen und frostigen Páramolandschaft. Das moderne Freibad ist richtig schön gestaltet. Gleich nebenan steht ein strohgedecktes Holzhotel mit rauem Wildwest-Charme und dem schlichten Namen **Termas Papallacta**. Man kann direkt aus den rustikalen Zimmern in die heißen Bäder steigen, die verlockend in einem gepflegten und attraktiv gestalteten Innenhof liegen. Der Übernachtungspreis von 100 US$ das Doppelzimmer lässt sich indes nur damit rechtfertigen, dass es genug Gäste gibt, die ihn bezahlen.

Für eingeschworene Ruinenfreaks sind die etwas kümmerlich wirkenden Reste der **Inkastätte von Rumicucho** in der Nähe von Mitad del Mundo sehr interessant. Die von dem Bonner Archäologen Prof. Udo Oberem ausgegrabenen **Cochasqui-Ruinen** (auf der nördlichen Panamericana zwischen Guayllabamba und Tabacundo den Schildern folgend links ab) sind hingegen selbst für das ungeschulte Urlauberauge beeindruckend. Ihre stattlichen Pyramiden (Tolas) könnten glatt Landepisten für UFOs sein; mich wundert, dass Erich von Däniken noch nicht drauf gekommen ist.

## Geheimtipps

Auf der Straße von Quito durchs Valle de los Chillos in den Süden steht gleich hinter der Ortschaft Amaguaña auf der linken Seite eine weiße Kirche mit zwei Türmen. Lassen Sie die Kirche links liegen und fahren Sie auf der kleinen Pflasterstraße durch eine saftige Weidenlandschaft vorbei an alten Haziendas und schicken Landhäusern zur Talhütte des 4200 Meter hohen **Pasochoa**. Von dort geht es auf bunt ausgeschilderten Wanderwegen durch dichten Bergregenwald, für

Leute mit guter Kondition bis hoch an den schwindelerregenden, fast senkrecht aus dem kahlen Páramo abfallenden Kraterrand. Dies wäre **der ideale Platz für einen Mord**; ist es doch schier ausgeschlossen, in den unberührten, dichten Nebelwäldern im Kraterinneren die Leiche wieder aufzufinden.

Auf der Verbindungsstraße von Sangolqui nach Pifo geht es rechts ab nach Pintag. Und von dort weiter zum **Antisana**, dem vierthöchsten Berg Ecuadors (5750 Meter). Sie benötigen allerdings die Genehmigung des Eigentümers der **Hazienda Antisana**, um sich dem erhabenen Vulkan zu nähern. Es lohnt sich, Herrn José Delgado anzurufen. Er betreibt in seinem betagten Hazienda-Haus eine kleine Gastronomie. Sie erleben eine majestätische Berglandschaft, in der bisweilen noch der Kondor fliegt, eine einsame Gegend, in der man seinerzeit einen sehr authentischen Spielfilm über die peruanische Andenguerilla „Sendero Luminoso" gedreht hat. Hier war im Jahre 1880 schon Edward Whymper, der Erstbezwinger des Chimborazo und weitere 78 Jahre zuvor Alexander von Humboldt. An den Besuch des deutschen Universalgenies erinnert eine kleine Plakette an einer bescheidenen Hütte, in der er genächtigt haben soll. Humboldt schrieb in sein Tagebuch, dass dieses Haus zweifellos der höchste bewohnte Platz der Welt sei.

Von dem Örtchen El Tingo an der Straße („Intervalle") von Cumbayá nach San Rafael kann man den mit etwas über 3200 Metern vergleichsweise bescheidenen Berg Ilaló besteigen. Nach drei Stunden Aufstieg und zwei Stunden Abstieg haben Sie sich ein Essen in **Mucki's Restaurant** redlich verdient. Die deutsche Köchin bietet die ausgesprochen seltene Kombination zwischen exquisitester Küche und Portionen, die für einen Zumu-Ringer reichten. Gemütliche Atmosphäre im Gartenlokal oder in dem mit Antiquitäten, Trödel und einer Kuckucksuhr vollgestopften Schankraum. Mucki's ist etwas schwer zu finden, von Cumbayá kommend etwa 100 Meter hinter der Kirche von El Tingo links hoch, einmal rechts, noch einmal links und dann geradeaus in die Einfahrt.

**Kuriositäten:**

Das etwas klotzig geratene Äquatordenkmal von **Mitad del Mundo** (etwa 20 Kilometer nördlich von Quito) ist nicht zu übersehen – doch es steht genau genommen am falschen Platze. Die exakt mit GPS vermessene Äquatorlinie liegt etwa 300 Meter weiter im Norden an der Straße nach Calacalí. Dort gibt es ein putziges **Museum (Inti Ñan** – der Weg der Sonne), in dem den staunenden Besuchern die Erdanziehungskräfte vorgeführt werden. Ein Ei kann ohne den brachialen Kunstgriff des Kolumbus aufrecht stehen, und das Wasser fließt auf beiden Hemisphären der Erdkugel tatsächlich jeweils in eine andere Richtung.

Ein paar Kilometer weiter, ebenfalls an der Straße nach Calacalí liegt **Pululahua**, ein Vulkankrater, in den man mit dem Auto hinein fahren kann und in dem sogar Häuser stehen. Von dem hübschen **Aussichtsrestaurant El Cráter** aus kann diese außergewöhnliche Ansiedlung von oben betrachtet werden. Am besten morgens; denn gegen Nachmittag zieht zumeist dichter Nebel auf, welcher übrigens auch ganz eindrucksvoll sein kann, wenn er wie aus einem giganti-

schen Schornstein aus den Tiefen des Kraters an den Panoramascheiben des Restaurants vorbei zieht. Die Zufahrt zum Krater finden Sie kurz vor der Ortschaft Calacalí rechts; die ausgeschilderte Abfahrt zum Restaurant ist nicht weit von Mitad del Mundo ebenfalls auf der rechten Seite.

Mit ein bisschen Glück begegnen Sie auf einer Wanderung durch die Weiten der einsamen Hochgebirgssteppen einem **Kurzohrkaninchen**. Dies sind Mümmelmänner einer recht seltenen Art, die sich in der Höhe des Páramos über viele Generationen hin entwickelt hat. Die Evolution hat ihnen die kurzen Lauscher geschenkt und die Tiere auf diese Weise nachhaltig vor kalten Ohren geschützt. Zumindest für Nicht-Lamakenner ist genauso erstaunlich, dass einige der **Lamas**, die den Páramo bevölkern, strahlend **blaue Augen** haben – achten Sie mal drauf.

**Bellavista Cloud Reserve**
02-2903166 · 099490891
www.bellavistacloudforest.com
info@bellavistacloudforest.com

**Hotel Termas Papallacta**
02-2568989 · 06-2320040
www.termaspapallacta.com
termasuio@termaspapallacta.com

**Bed&Breakfast Tumbaco**
02-2376502 · 098100340
www.BB-Tumbaco.com
info@BB-Tumbaco.com

**Hacienda Antisana**
02-2462013
jdelgado@uio.satnet.net

## 3. Schlaglicht
## Haziendas

Märchenhafte Gärten, von Bougainvillea überwucherte Mauern, mächtige Steinkreuze und von uralten Bäumen bestandene Alleen, über deren Pflaster schon die Kutschen der spanischen Vizekönige gerattert sind. Sie **erzählen uns die wechselvolle Geschichte eines immer noch geheimnisvollen Landes**. Ecuador, ein Land, in dem einst zwei Welten aufeinander trafen: Die Welt der von mittelalterlichem Denken geprägten Eroberer und die den Spaniern bis dato verborgene Welt des geheimnisvollen, mit Gold und Silber geschmückten Inkareiches. Die altspanischen Landgüter sind **steinerne Zeugen der Unterwerfung und Christianisierung**, Zeugen der klammheimlichen Verschmelzung von Weltanschauungen und Religionen.

Die Haziendas sind Zeugen des Entstehens einer **eigenen kreolischen Kultur** und der Unabhängigkeit Ecuadors. Sie waren schweigende Beobachter von kaum vorstellbaren Grausamkeiten, von brutaler Ausnutzung und Unterdrückung der indigenen Bevölkerung. Doch als unparteiische Zeitzeugen nahmen sie auch wohlwollende Patriarchen und fürsorgliche Feudalherren wahr, die durchaus gemeinsame Werte mit ihren Vasallen hatten.

Die ehrwürdigen und manchmal schon baufälligen Mauern erlebten in der zweiten Hälfte des 20. Jahrhunderts die schon lange Zeit überfälligen **Landreformen**. Sie wurden stumm leidende Zeugen von gewaltsamen Gutsbesetzungen und schließlich des Zerfalls eines überkommenen Großgrundbesitzes. Vielfach sind die Ländereien durch Vererbung und Landreform heute so klein geworden, dass die traditionsreichen Familien ihre wunderbaren, alten Gebäude nur noch dadurch unterhalten können, indem sie ihrer gewohnten Gastfreundschaft folgend ein Hotel oder ein Restaurant daraus machen. Gönnen Sie sich ein paar Tage in einem dieser Hazienda-Hotels. Aus ihren ehernen Mauern atmet die Geschichte und entführt Sie zu einer Reise in die Vergangenheit.

**Highlights:**

Die Hazienda **Zuleta** hat das Kunststück vollbracht, sich absolut professionell auf Besucher/innen einzustellen, ohne dabei ihre Ursprünglichkeit einzubüßen. Das stimmungsvolle Prachtstück liegt an dem romantischen Pflastersträßchen von Cayambe nach Ibarra (östlich der Panamericana) inmitten einer traumhaften Gebirgslandschaft. Es ist ein bereits 1691 gegründetes Landgut mit einem imposanten, 2500 Quadratmeter großen Platz, der von einem mächtigen Steinkreuz beherrscht wird. Das feudale Haus ist voll gestellt mit kostbaren Möbeln, Präsidentenportraits, Marienbildern und einer umfangreichen Bibliothek. Hier kostet der eintägige Trip in die alte Zeit mit Vollpension ab 175 US$ pro Nase.

Ein sehr authentisches Hazienda-Erlebnis bietet die **Pinsaqui** an der Panamericana bei der Abzweigung nach Cotacachi. An den

Wänden hängen die Fotos der Familie des Besitzers dieses wunderschönen Anwesens. Bis vor ein paar Jahren hatte der passionierte Reiter und ehemalige Autorennfahrer Don Pedro Freile noch selbst auf der Hazienda gelebt. Erst 1995 wurden das Herrenhaus und die angrenzende alte Textilfabrik mit großem Respekt vor den ursprünglichen Strukturen zu einem Hotel umgebaut und schließlich erweitert. Dementsprechend haben die Zimmer im alten Trakt mehr ursprünglichen Charme (140 US$ das Doppelzimmer).

Hazienda und Kloster **Cusin** am Lago San Pablo bei Otavalo stammen aus dem Jahre 1602 und gehörten mal ecuadorianischen Präsidenten und mal den oppositionellen Familien. Der heutige Besitzer ist ein Engländer. Er hat den gesamten Komplex im Jahr 1990 mit viel Ge-schmack und Stil zu einem vornehmen Hotel umgebaut, das hohen Ansprüchen genügt. Gartenanlage, Bibliothek und Lesezimmer, echt alte Kunst und die nicht wirklich alten Klosterräume sorgen für die Atmosphäre eines Landguts längst vergangener Zeiten; die **Antithese zur Hektik** des modernen, städtischen Lebens (Doppelzimmer ab 105 US$).

**La Ciénega** bei der Ortschaft Lasso südwestlich vom Cotopaxi ist und bleibt der Klassiker unter den Hotel-Haziendas in Ecuador. Die Reisenden nähern sich den weiß-grauen Mauern der Ciénega durch eine hochherrschaftliche Einfahrt mit mächtigen Eukalypten. Im heutigen Zimmer Nummer 8, direkt über dem prächtigen Eingangsbereich war im Jahre 1802 schon Alexander von Humboldt zu Gast. Spätestens bei einer Flasche Rotwein vor dem bombastischen

*La Ciénega*

Kamin in dem mit Loriot-Sofas und mit wuchtigen Ölgemälden möblierten Salon ist der Geist des deutschen Allroundgelehrten mit von der Partie (Doppelzimmer ab 90 US$).

Dreimal so teuer, aber auch extravaganter als La Ciénega: Die auf den Grundmauern einer Inkafestung errichtete Hazienda **San Agustín de Callo** am Fuß des Cotopaxi. Vom Speisesaal haben Sie (bei schönem Wetter) den Blick direkt auf den formvollendeten Gletscher des größten aktiven Vulkans der Welt. Sie sind dabei von fugenlosen, erdbebenfesten Inkamauern umgeben. Bei den alten Inkas spielten Gold und Silber materiell gesehen keine Rolle; die Gäste von San Agustin sollten ein ähnliches Verhältnis zum Geld haben (über 400 US$ fürs Doppelzimmer mit Vollpension).

**Tipps:**

An der Panamericana etwa vier Kilometer südlich von Ibarra steht heute die **Hostería Chorlaví**. An derselben Stelle soll vor etwas mehr als 500 Jahren die große Romanze zwischen dem Inka Huayna Capac und der Shyri-Prinzessin Pacha stattgefunden haben, jene Liebe, aus der der letzte Inka Atahualpa hervorging. So heißt das Wort Chorlaví auch **Liebesnest**, wenn man es übersetzt. Später ging es dann weniger sinnlich zu – das Landgut wurde zum Jesuitenkonvent. Chorlaví ist eine der ersten Haziendas, die bereits in den 70er Jahren zum Hotel umfunktioniert wurden. Eine schöne, professionell geführte Anlage, die über die vielen Hotel-Jahre ein bisschen an Authentizität verloren hat (Doppelzimmer ab 50 US$).

Die Jesuiten-Hazienda **La Compañia** ein paar Kilometer südlich von Cayambe (gleich dort, wo am Straßenrand eine nachgemachte Windmühle steht) hat zwar keinen Hotelbetrieb, aber Gebäude aus dem 17. Jahrhundert und ein architektonisch sehr ansprechendes, kapp 100 Jahre altes Herrenhaus. Es ist einmalig schön dekoriert mit Hunderten von frischen Rosen, die aus der Blumenfarm kommen, zu der das Landgut heute geworden ist. Rosenbetrieb und Hazienda können bei vorheriger Anmeldung besichtigt werden.

Kurz hinter dem Dorf Lloa im Südwesten von Quito und am Fuße des Guagua Pichincha liegt ein oberschnuckeliges Anwesen aus dem Jahre 1822. Die Hazienda **La Antigua** ist mit lustigen Pastellfarben und liebevollem Geschmack zu einer kuscheligen Herberge umgerüstet worden. Einige Zimmer sind in einem originellen Turm untergebracht, der aussieht wie ein riesiges Bierfass. Nur 15 Kilometer von Quito und schon sind Sie in einer verschlafenen, anderen Welt mit Panoramablick auf den Pichincha (Doppelzimmer 50 US$).

An den Hängen des Pichincha, nordwestlich der Hauptstadt und etwas versteckt an dem alten Pflastersträßchen von Quito nach Nono, liegt die **Hostería San Jorge**. Man fährt die Avenida Occidental in Richtung Norden; etwa einen Kilometer vor dem Kreisel nach Mitad del Mundo geht die Straße nach Nono links ab und windet sich den Berg hinauf. Sehr schön ist der Blick zurück ins Tal auf den nördlichen Teil der Stadt mit dem Flughafen und den von Zeit zu Zeit in das Häusermeer hinein schwebenden Maschinen. Die dreihundert Jahre alte Anlage (Hazienda Singuna) gehörte früher einmal den Jesuiten und später der Familie des ersten liberalen Präsidenten Eloy Alfaro. Seit Anfang der 90er Jahre ist es ein rustikales Hotel. Ein **friedlicher Ort** am Rande der großen Stadt mit einer angeschlossenen botanischen Reserve, die eine Vielzahl von tropischen Pflanzen und Vögeln beherbergt (Doppelzimmer ca. 80 US$).

Die Hazienda **San José in Puembo** aus dem 17. Jahrhundert ist so mondän restauriert, dass man sich fragt, ob dieses Konferenzzentrum mit seinen fünf Tagungssälen denn überhaupt alt ist. In der Hostería findet man Eleganz und Ruhe, umgeben von dem milderen Klima, das die Täler um Quito so attraktiv macht (ca. 80 US$ das Doppelzimmer).

Die zweihundert Jahre alte Hazienda **La Carriona** zwischen Sangolqui und Amaguaña hat recht einfache Zimmer, ein Schwimmbad und einen Fußballplatz. Die populärere Version der Hotel-Hazienda. Das Steinkreuz im Innenhof und das gut erhaltene Haupthaus lassen immerhin die alten Zeiten präsent sein. Das Doppelzimmer kostet ab 110 US$.

Circa 50 Kilometer südlich von Quito in einer immergrünen Hügellandschaft in der Nähe von Aloag liegt die leicht verwunschene Hazienda **Hualilagua de Jijon**. Die Eigentümerfamilie holt ihre Gäste in Quito ab und bietet ihnen Erlebnistage auf dem Land. Hotelbetrieb ist erst noch geplant. Den gibt es schon auf der nicht ganz so historischen Nachbarhazienda **La Alegría**; sie hat ein etwa hundert Jahre altes Farmhaus mit romantischem Kaminzimmer und im Anbau modernere Gästezimmer. Gleich hinter der Hazienda zuckelt an den Wochenenden das Touristenbähnchen von Quito nach Latacunga vorbei (Doppelzimmer ab 130 US$).

Die Eigentümer der Hazienda **Hato Verde** haben aus einem über 100 Jahre alten Landhaus mit einem mächtigen Kreuz vor der Tür eine aufwendig herausgeputzte Herberge gemacht, eine familiär geführte Hazienda Schick. Kurz hinter Lasso, von Quito kommend links von der Panamericana (Doppelzimmer ab 180 US$).

Die **Posada de Tigua** an der malerischen Straße von Latacunga zur Traumlagune von Quilotoa (vgl. Schlaglicht „Straße der Vulkane") ist ein gemütliches, etwa 130 Jahre altes Landhaus; kein hochherrschaftliches Anwesen, aber dafür in einer der schönsten Landschaften Ecuadors gelegen (Doppelzimmer ca. 60 US$).

Die Hazienda **Leito „Los Llanganates"** auf der kleinen Straße von Patate bei Baños nach El Triumfo hat einen fantastischen Blick auf den von Zeit zu Zeit Rauch ausstoßenden Vulkan Tungurahua. Von den historischen Gebäuden ist leider nach dem großen Erdbeben im Jahr 1949 so gut wie nichts mehr übriggeblieben. Heute steht dort ein der Vergangenheit gut nachempfundenes, architektonisches Stilmöbel. Der Besitzer holt auf Wunsch gerne das lesenswerte, seit vielen Jahren vergilbte und vergriffene Buch mit den Memoiren seines steinreichen Großvaters hervor: Marco A. Restrepo, der Brennholzkönig. Drei Kilometer hinter Leito liegt die Hazienda **Los Manteles**, die ursprünglich ein Teil von Leito war. Das rustikale Anwesen am Fuß des Llanganates-Gebirges wird seit 1992 von einem anderen Zweig der Familie als Hotel betrieben. Der Name Manteles (Tischdeckchen) bezieht sich auf die bunten Felder der Umgebung, die sich im Patchwork-Muster über die Hänge legen. Im Vergleich zum Hazienda-Hotel Leito ist Los Manteles die familiäre und authentischere Variante. Preise und Vulkanblick sind gleich (Doppelzimmer ca. 130 US$).

Die **Hostería La Andaluza** an der Panamericana ca. 15 km nördlich von Riobamba ist die historische Hazienda **Chuquipoggio**, die schon in der lesenswerten Reisebeschreibung von Heinrich Hintermann aus dem Jahre 1927 „Im Reiche des Sonnengottes" vorkommt. Auch Simon Bolivar und die Väter der ecuadorianischen Verfassung sollen dereinst hier genächtigt haben. Leider liegt das gute Stück direkt an der Panamericana und ist bis auf das spektakuläre Haupthaus so umgebaut, dass es mittlerweile wie eine Hazienda-Replik aus Schöner Wohnen wirkt (Doppelzimmer ab 65 US$).

**Geheimtipps:**

Es gibt eine Reihe von Haziendas, die nicht so einfach zu finden, schwierig zu buchen, sehr teuer und dennoch nur partiell auf touristische Bedürfnisse eingestellt sind. Es ist eine Erlebnisgastronomie für Reisende, die sich eine **Zeitmaschine in die Vergangenheit** wünschen, um den ganz anderen Luxus vergangener Epochen zu erleben: Südöstlich von Quito im Valle de los Chillos liegt an der Nebenstraße von Conocoto nach Amaguaña die Hazienda **La Herrería**, verwunschen, verborgen, voller Gold, Geschmeide, Kirchenkunst und Antiquitäten. Wohl eins der schönsten und luxuriösesten alten Anwesen überhaupt. Ganz in der Nähe, rechts von der Hauptstraße von Sangolqui nach Amaguaña liegt – leider eingekeilt von Fabriken – die ebenfalls hochherrschaftliche Hazienda **Chillo Jijon** aus dem 18. Jahrhundert. Dort ist man schon etwas mehr auf Besucher eingestellt. Wenn solche Haziendas nicht gerade für Familienfeiern gebraucht werden und die Reservierung klappt, wirft sich der Hausdiener ins Livree; Küche und edle Gästezimmer mit Samt und Blattgold werden für Sie geöffnet. Das kostet dann aber auch leicht 250 US$ oder mehr pro Person: Preis-Leistungs-Verhältnis? Entscheiden Sie selbst. Günstiger ist das Kennenlernerlebnis: Fahren Sie einfach mal vorbei und sprechen mit dem Verwalter oder dem Hausmeister einer dieser Haziendas, mit etwas Glück gestattet er Ihnen einen Blick auf oder sogar in die fantastischen Gebäude.

Noch in den 70er Jahren fand man die überwältigend schöne Hazienda **Tilipulo** (westlich von Latacunga bei dem Dorf Paoló) in allen Reiseführern und Bildbänden über Ecuador. 1979 stellte die Stadt Latacunga die wunderbare Anlage mit den schlanken, weißen Glockentürmen unter Denkmalschutz. Die Stadtväter wollten Tilipulo zu einem Luxushotel umfunktionieren und schlossen zunächst einmal die Tore der Hazienda. Bei Plänen, einem halbfertigen Papp-Anbau und dem Vorhängeschloss ist es leider bis heute geblieben. Doch es spricht überhaupt nichts dagegen, einmal anzuklopfen und den freundlichen Verwalter um eine inoffizielle Besichtigung zu bitten.

**Kuriositäten:**

Als hätte es in der Kolonialzeit schon die Disneyland-Idee gegeben: Auf dem Weg von Paoló nach Tilipulo gibt es eine architektonisch fast identische Miniaturausgabe der gerade beschriebenen, prachtvollen Hazienda. Und diese Bonsai-Version von Tilipulo heißt ganz einfach **Tilipulito**.

Die antike Hazienda San Sebastian am nördlichen Ortsrand von Otavalo heißt heute **Hotel Yamor International**. Zwischen alter Pracht und alten Palmen stehen eine Reihe von Zweckformsälen. Dazu ein kahles Hallenbad aus grauem Beton. Durch die schrecklichen Anbauten entstand bei leidlicher Pflege schließlich eine Mischung aus **DDR-Freizeitheim** und der andinen Version vom Tod in Venedig. Doppelzimmer: 35 US$.

In der historischen Hazienda **Guachalá** wenige Kilometer südöstlich von Cayambe ist jemand auf die Idee gekommen, im Patio eine Art Treibhaus zu errichten, in dem ein trauriges Schwimmbad sein trübes Dasein fristet. Ein ästhetischer Kinnhaken für das ansonsten sehr gut erhaltene Anwesen aus dem 16. Jahrhundert. In der Kirche befindet sich eine leicht chaotische, aber durchaus **sehenswerte Sammlung von alten Fotografien** aus London, Paris und Cayambe. Guachalá war übrigens eine der wichtigsten Haziendas des kolonialen Ecuadors. Später pflanzte der republikanische Präsident García Moreno hier die ersten Eukalypten des Landes, die er aus dem Ausland herbeigeholt hatte (Doppelzimmer ca. 50 US$).

Trifft Modernes der preisgünstigen Version auf Antikes, kann es leicht kurios werden. So geschehen mit der historischen Hazienda San José bei Malacatos auf der Straße von Loja ins Tal der Hundertjährigen von Vilcabamba. Bis 1962 noch als Mühle betrieben wurde aus dem altehrwürdigen Gut Anfang der 90er Jahre die **Hostería La Vieja Molienda.** Und zur Freude der kleinen Gäste errichtete man gleich vor dem schön erhaltenen Arkaden-Hof mit seinem knorrigen Baum in der Mitte eine **Mallorca-reife Wasserrutsche** aus schreiend lackiertem Plastik. Bisweilen noch sitzt der rüstige Hazienda-Besitzer unter den Arkaden und erzählt seinen Gästen von den alten Tagen lange vor der Rutsche (Doppelzimmer ca. 35 US$).

*Hazienda Tilipulo*

**Hacienda Zuleta**
06 2662182
www.zuleta.com
info@haciendazuleta.com

**Hacienda Pinsaqui**
06-2946116/117
09-9727652
www.haciendapinsaqui.com
info@haciendapinsaqui.com

**Hacienda Cusin**
06-2918013
06-2918316
www.haciendacusin.com
hacienda@cusin.com.ec

**Hostería La Ciénega**
02-2541337
03-2719052
www.hosterialacienega.com
reservaciones @
hosterialacienega.com

**Hacienda San Augustín de Callo**
03-2719160
www.incahacienda.com
info@incahacienda.com

**Hostería Chorlavi**
06-2932222
06-2932223
www.haciendachorlavi.com
reservaciones@
haciendachorlavi.com

**Hostería La Antigua**
02-2864293
02-2868786
www.antiguahosteria.com
info@antiguahosteria.com

**Hostería San Jorge**
02-2565964
02-2239287
www.hostsanjorge.com.ec
info@hostsanjorge.com.ec

**Hostería San José**
02-2390264
02-2390276
www.hosteriasanjose.com

**Hacienda La Carriona**
02-2332004
02-2331974
www.lacarriona.com
info@haciendalacarriona.com

**Hacienda Hualilagua de Jijon**
09-8924902
www.huali.com
hualilagua@hotmail.com

**Hacienda La Alegría**
02-2462319
09-9802526
www.haciendalaalegria.com
info@alegriafarm.com

**Hacienda Hato Verde**
02-2544719
03-2719348
www.haciendahatoverde.com
info@haciendahatoverde.com

**La Posada de Tigua**
03-2814870
09-1612391
www.laposadadetigua.com
reservaciones@
laposadadetigua.com

**Hacienda Leito Los Llanganates**
03-2859329
03-2859331
www.haciendaleito.com
info@haciendaleito.com

**Hacienda los Manteles**
02-2233484
09-4614275
www.haciendamanteles.com
info@haciendamanteles.com

**Hostería La Andaluza**
03-2949370
03-2949371
recepcion@
hosterialaandaluza.com

**Hacienda La Herrería**
09-7985987

**Hacienda Chillo Jijon**
02-2331632
www.hacienda-ecuador.com
info@chillo.jijon@
hacienda-ecuador.com

**Hotel Yamor International**
06-2920848

**Hacienda Guachalá**
02-2363042
www.guachala.com
info@guachala.com

**Hostería La Vieja Molienda**
07-2673239
www.viejamolienda.com.ec
hosteriaviejamolienda@
gmail.com

## 4. Schlaglicht
## Essen und Trinken

Zumindest in allen größeren ecuadorianischen Städten gibt es eine zum Teil sehr gute, internationale Küche. Aber diese Speisen kennen Sie ja von zu Hause. Deshalb beschränke ich mich hier auf die **Beschreibung landestypischer Gerichte und Getränke**. Bei aller Begeisterung für das Neue und Leckere, könnte es nicht falsch sein, – je nach Ihrem Grad bakterieller Abhärtung – die üblichen Unterwegs-Regeln gegen Magen- und Darmbeschwerden zu beherzigen: Vorsicht mit Leitungswasser, Salat, Eiscreme, ranzigem Fett und Speisen aus allzu versifften Töpfen. Es wird übrigens immer wieder gesagt, dass das weiter unten beschriebene scharfe Gewürz Ají Schädliches im Magen abtötet und auf diese Weise besser gegen Durchfall vorbeugen soll als Whiskey.

**Highlights:**

Krabben oder kleine Stücke Fisch, manchmal auch Palmherzen oder Muscheln in einer köstlichen Marinade, das ist **Ceviche**. In den Anden wird die Marinade noch mit Tomatensauce versetzt, dann schmeckt es mir besonders gut. Wer in Ecuador war und kein Ceviche probiert hat, war kulinarisch gesehen gar nicht im Land.

Ecuador ist eins der Fruchtsaftländer dieser Erde. In fast allen Gaststätten gibt es die **leckersten, frisch zubereiteten Säfte** aus uns bekannten Früchten (Orangen, Erdbeeren, Brombeeren, Ananas, Maracuja, Wasser- und sonstige Melonen) und solchen, die man weniger kennt (Babaco, Guaven, Guayabana, Taxo, Chirimoya, Tomate de Arbol, Naranjilla). Wer indes Zucker hat oder keinen solchen mag, sollte „sin azucar" bestellen; denn ohne diesen Sonderwunsch wird der hierzulande sehr beliebte Süßmacher gern in großen Mengen beigemischt.

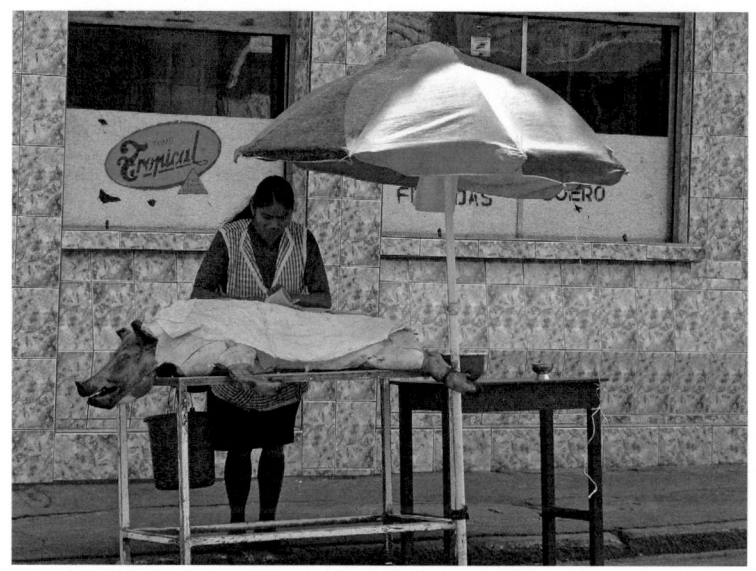

Ein wunderbares Heißgetränk für die kalten Nächte in den Anden ist der **Canelazo**, eine sehr, sehr, fast zu schmackhafte Mischung aus aufgekochtem Zimt, heimischem Zuckerrohrschnaps und etwas Fruchtsaft, vorzugsweise Naranjilla oder Limone. Canelazo bringt wohlig nach vorn – und haut auf die Bretter, wenn man zu viel davon trinkt.

**Tipps:**

Auf vielen einheimischen Märkten können Sie ein ganzes, kross gebratenes Schwein entdecken, sehr fotogen mit Kopf und aus der gegrillten Haut hervorstehenden Hauern. Und des öfteren steht neben so einem Diaserien-Schwein eine große, fettig glänzende Kupferpfanne, in der kleine Fleischstücke brutzeln. So wird aus dem Schwein die leckere **Fritada**, meist serviert mit Mais und/oder **Llapingachos**, das sind sehr schmackhafte Kartoffelpuffer, in denen auch etwas Käse verarbeitet ist.

**Carne Colorada** ist scharf angebratenes Rindfleisch in mundgerechten Stücken. Man nennt es „Colorada", weil es mit einem Extrakt der Achiote-Frucht rot eingefärbt ist. Es ist übrigens dieselbe Naturfarbe, die sich die Tsachila Indígenas aus der Gegend um Santo Domingo in ihre helmartigen Frisuren schmieren. Ein über die Landesgrenzen hinaus bekanntes ecuadorianisches Gericht ist **Seco de Chivo**, eine Art Gulasch aus Ziegen- oder Hammelfleisch mit verschiedenen Gewürzen und auch wieder dem roten Achiote. **Churrasco** könnte man vielleicht am besten mit „Steak a la Meyer" übersetzen. Es ist ein Rindersteak mit einem Spiegelei oben drauf. Dazu gibt es in Ecuador Reis, Pommes Frites und ein dickes Stück Avocado.

Eine Landesspezialität, die es garantiert nicht in Europa gibt, ist das **Cuy**, ein stattliches Meerschwein, das man vorzugsweise mit Kopf und Beinen und ansonsten wie ein Wienerwald-Hähnchen am Drehspieß grillt. Das Cuy wird so sehr geliebt, dass es für die zahlreichen ecuadorianischen Auswanderer in Dosen in die USA exportiert wird. Dort heißt es dann nicht Meerschweinchen sondern „ecuadorianische Spezialität", damit es keine Proteste von militanten Haustierschutzvereinen gibt.

Beliebte Sättigungsbeilagen sind **Mote** (gekochter Mais) und **Patacones** (frittierte Kochbananenscheibchen). Wer eine Bananenallergie hat, muss vor allem an der Küste wachsam sein; denn frittierte Kochbananen sehen bisweilen fast genauso aus wie goldgelb knusperige Pommes Frites.

**Locro**, sehr typisch, ist eine pappige Suppe aus Kartoffeln und geschmolzenem Käse; so dickflüssig, dass jedes Baby vor Begeisterung in seine Patschhändchen klatschen würde. Noch typischer, aber vielleicht doch nicht jedermanns Sache ist die megadeftige **Caldo de Pata**, eine fette Suppe, in der der Fuß von einem Schwein oder ein Stück Huf vom Rind schwimmt. **Sancocho** ist dagegen eine richtig leckere Hühner- oder Rindfleischbrühe mit einem Stück Maiskolben, eine Suppe, die auch für jede europäische Speisekarte eine Bereicherung wäre. Auch nicht zu verachten ist eine lecker gewürzte **Caldo de Gallina**, eine Hühnersuppe voller Fettaugen und einer Einlage zur Wahl: Bein oder Brustfleisch.

Ursprünglich gab es **Fanesca** nur in der Osterwoche; doch mittlerweile wird diese ecuadorianische Spezialität auch zu anderen Jahreszeiten angeboten. Es ist eine mächtige Suppe aus vielerlei Getreide, in die – mal etwas ganz anderes – Trockenfischstücke hinein geschnitten werden. **Colada Morada**, ein wohlschmeckendes, violettes Gebräu aus Getreide und roten Beeren ist für Allerseelen, den 2. November eines jeden Jahres reserviert. An diesem in Ecuador sehr wichtigen Feiertag lohnt es sich, mal den Friedhof in irgendeiner kleineren Stadt in den Bergen zu besuchen. Die Menschen bringen Lebensmittel mit zu den Gräbern und speisen zusammen mit den Geistern ihrer verstorbenen Ahnen. Dazu musizieren sie bisweilen und trinken nicht nur die alkoholfreie Colada Morada, sondern oft auch viel Schnaps.

Fast schon Medizin: In den Hochlandsteppen Ecuadors wächst **Sumfo**, ein wohlriechendes, magisches Kraut, aus dem man einen Tee brauen kann, der gut gegen Höhenkrankheit wirkt.

Maisbrei in einem grünen Maisblatt, das sind **Humitas**, lecker gewürzt und oft mit allerlei Zutaten. Ein empfehlenswerter, landestypischer Imbiss; genau wie die knusprigen **Empanadas**, mit Käse, Hackfleisch, Krabben oder was auch immer gefüllte Teigtaschen.

Es darf auf keiner ecuadorianischen Tafel fehlen, und sei sie noch so bescheiden: **Ají**, ein Gebräu aus roten Pfefferschoten, bisweilen Appetit-anregend mild und manchmal hart wie Tabasco; also Vorsicht beim Probieren. Nicht ganz so häufig auf dem Tisch: **Chimichurri**, der sanfte Saucenbruder vom scharfen Ají. Chimichurri ist die südamerikanische Variante des italienischen Pesto, in dickem Öl schwimmende Kräuter. Einfach köstlich zu Fleischspeisen.

**Geheimtipps:**

Kehren Sie doch einfach mal in eins der ganz **kleinen, einfachen Restaurants irgendwo am Straßenrand** in den Anden ein. Wenn es nicht allzu arg ist, dann lassen Sie sich nicht von den vielleicht etwas schmuddelig wirkenden Aluminiumtöpfen auf dem offenen Herd irritieren. Das Essen ist derbe Hausmannskost und oft einfach wunderbar. Typische Lokale vom alten Schlag gibt es natürlich auch in Quito. Streifen Sie einfach mal durch die Altstadt und halten nach ganz einfachen, aber gut besetzten Restaurants Ausschau. Wenn dort auch noch Indígenas in ihren Trachten und ältere Herren mit Gesichtern und Anzügen aus einer längst verflossenen Zeit sitzen, dann sind Sie auf jeden Fall richtig. In solchen Lokalen werden für 1,50 oder 2 US$ leckere Mittagsmenus **(Almuerzos)** angeboten. Sie bestehen aus einer Suppe, einem Hauptgang mit kleinen Fleischstücken und einer großen Sättigungsbeilage (häufig Reis); dazu ein Glas Fruchtsaft.

**Kuriositäten:**

Zu Zeiten der Globalisierung darf nicht unerwähnt bleiben, dass es mittlerweile auch in Ecuador **Currywurst** gibt, allerdings nur im Restaurant „Zum Alten Fritz" an der Strandpromenade in Atacames (siehe Schlaglicht Küste). Was dem Deutschen die Currywurst, das ist dem Österreicher Kaffee und Kuchen, am Besten auch in abgelegenen Teilen der Welt; so hat sich in der touristisch noch weitgehend unbeleckten Kleinstadt Cayambe im Norden von Quito das **österreichische Café Aroma** mit einem reichlichen Angebot an Torten und Gebäck etabliert (in der Nähe des zentralen Platzes von Cayambe).

Das bekannteste Mineralwasser in Ecuador heißt **Güitic**; und es wird erzählt, dass dies eine Ableitung des deutschen Wortes gültig sei. Vor langer Zeit soll ein deutscher Lebensmittelchemiker das Wasser der Quellen bei der Stadt Machachi im Süden Quitos geprüft und seine Qualität mit dem Siegel „gültig" bestätigt haben.

Ein kulinarischer Streifzug durch die **amazonischen Städtchen** Tena und Archidona führt sie zu kleinen Garküchen und Fressbuden, wo Fleisch des **Gürteltiers** oder eines Urwaldnagers namens **Guanta** angeboten wird. Oder wie wäre es mit ein paar gebratenen **Maden**?

# 5. Schlaglicht
## Nördliche Anden

*Laguna Cuicocha*

**Highlights:**

Rumiñahui heißt so viel wie Steingesicht und ist der Nationalheld Ecuadors aus dem Widerstand gegen die spanischen Eroberer im 16. Jahrhundert. Auf dem Zentralplatz (Parque Bolívar) in Otavalo steht seine hakennasige Büste mit harten, zerfurchten Zügen, ein bisschen wie Winnetou im Vorruhestand. Von hier führt ein interessanter Spaziergang zum bunten Lebensmittel- und Haushaltsmarkt und dann weiter nach rechts zur **Poncho Plaza**. Der Poncho Platz in Otavalo ist das Zentrum eines **indigenen Wirtschaftswunders**, der größte Kunsthandwerksmarkt in ganz Südamerika. Ein **Samstag in Otavalo**, ein quirliges Treiben zwischen Strick- und Stickwaren, Wand- und

Webteppichen; naiven Bildern, Jadefiguren, Regenmacher-Rohren und immer noch mal wieder ein nachgemachter Schrumpfkopf. Die Otavaleños zeigen sich mit Stolz, Herz und Geschäftssinn in fotogenem, traditionellem Outfit: die Frauen mit dunkelblauen Maxi-Röcken, adrett gestärkten Stickblusen und goldenen Ketten, die Männer mit Filzhut, Zopf und blütenweißer Hochwasserhose zum dunklen Poncho. Von der Terrasse der **Cafetería Tabasco's** im ersten Stock des Eckhauses lässt sich das pittoreske Markttreiben trefflich beobachten und auf Zelluloid bannen. Wem das alles nicht authentisch genug ist, dem sei der **Viehmarkt** empfohlen; morgens um sieben auf der anderen Seite der Panamericana; da geht's noch richtig ländlich zu.

**Übernachtungshighlights** in den nördlichen Anden sind die wunderbaren zu Hotels umgebauten Haziendas **Pinsaqui** und **Cusin** (vgl. das Schlaglicht „Haziendas"). Noch etwas vornehmer geht es in der Edelherberge **La Mirage** bei Cotacachi zu; sie hat zwar kein historisches Flair, es aber immerhin geschafft, die hohen Weihen der Chateau-Hotels zu empfangen (Doppelzimmer zwischen 420 US$ und knapp 1000 US$, einschließlich einem Gourmet-Dinner).

Nicht weit von dem hübschen Städtchen **Cotacachi**, in dem günstige Lederwaren verkauft werden, liegt die **Laguna Cuicocha**, ein einmalig schön in die Landschaft gemalter Kratersee. Zwei fast runde Inselchen in der Mitte der smaragdgrün schimmernden Lagune machen das Postkartenpanorama perfekt. Wer gut zu Fuß ist kann den 200 Meter tiefen See in vier bis fünf Stunden auf einem attraktiven Wanderweg umrunden.

**Tipps:**

Von der Lagune Cuicocha führt eine kurvige Passstraße über die Westkordillere nach **Apuela**, einem verschlafenen Nest, in dem räudige Straßenköter durch die pittoresken Gassen streunen und Rentner vor wurmstichigen Haustüren in den Tag dösen. Auf dem Weg dorthin geht es über das Hochgebirge in einen triefenden Nebelwald hinunter; und dann breitet sich unter Ihnen plötzlich eine Landschaft aus, die aus einer Modelleisenbahn-Anlage stammen könnte: Das inmitten saftig grüner Wiesen stehende Dorf Apuela und dahinter ein eckiger Berg, der aussieht wie ein auf seiner Längskante liegender Schuhkarton. Ein paar Kilometer weiter in **Nangulvi** gibt es für alle Fälle ein zweckmäßiges Hotelchen mit Campingplatz-Atmosphäre und auch ein nettes Thermalbad, das vielleicht nicht ganz so keimfrei ist wie in den Träumen einer Wannenwichtel-Hausfrau.

In Otavalo und Umgebung gibt es genug Hotels in jeder Preisklasse. Aufgefallen sind mir: **Hotel Otavalo**, mit der klassisch anmutenden Fassade im Herzen des Städtchens auf der Calle Roca, schlicht und solide, seit 60 Jahren im Geschäft (Doppelzimmer ca. 35 US$). **In Peguche das Hostal Aya Huma**, ein liebevoll umgebauter, alter Bahnhof mit alternativem Touch und leckeren Pfannekuchen (Doppelzimmer 27 US$). In Cotacachi das **Mesón de las Flores**, ein sehr geschmackvoller Kolonialbau mit fotogenem Patio (Doppelzimmer ca. 60 US$).

Der Kondor ist das Wappentier Ecuadors, doch das hilft ihm wenig; sein Ruf ist schlecht. Noch immer greifen viele Leute auf dem Lande zum Gewehr, wenn sie einen Kondor auch nur von Weitem sehen. Sie glauben tatsächlich, der stattli-

*Der Ruf des Adlers*

che Geier würde ihre Ziegen, Schafe und Hühner angreifen. Was könnte dem Aasfresser (und Wappenvogel) ferner liegen als das! Im **Parque Cóndor** zwischen dem Lago San Pablo und Otavalo wird mit den ungerechten Vorurteilen gegen die Tiere aufgeräumt. Hier werden Kondore und andere vom Aussterben bedrohte Greifvögel gehegt und gepflegt. Wenn sie stark genug sind, werden sie wieder ausgewildert. Besucher/innen können die edlen und außergewöhnlichen Tiere bewundern und viel über ihre wahren Lebensgewohnheiten lernen.

Am 24. Juni findet in der Provinz Imbabura das Fest des **San Juan** statt, am 29. Juni ist **Peter und Paul**, und über diesen ganzen Zeitraum hinweg feiert man auf den Dörfern und in den kleinen Städten ohne Pause **Inti Raymi**, das aus der Inkazeit stammende Sonnenwend- und Erntedankfest. Die Menschen verkleiden sich und strömen in die Ortschaften; sie tanzen zu monotonen Rhythmen und trinken bis zum Lebersturz. Urwüchsig hoch drei!

Ein **Wandertipp** für fitte Sonntagsfrischler: Mit dem Auto oder Taxi von Otavalo in Richtung Westen zur malerischen Berglagune Mojanda. Und von dort geht es dann zu Fuß auf einem ausgetretenen Pfad ca. zweieinhalb Stunden rechts hoch auf den vor langer Zeit erloschenen **Vulkan Fuya Fuya**. Eine Gipfelbesteigung ohne alpine Schwierigkeitsgrade, und wer doch noch kraxeln will, geht einfach weiter auf den für Schwindelfreie durchaus geeigneten Westgipfel.

Ibarra hat einiges an kolonialem Flair und viele weiß getünchte Häuser, aber keine wirklich spektakulären Sehenswürdigkeiten. Der ansprechende Ort wird auch gerne die weiße Stadt genannt. Von hier startet der **„Autoferro"**, ein origineller Schienenbus, der durch fantastische Landschaften und das Valle de Chota (siehe Kuriositäten) bis nach Salinas zuckelt: Tunnels und Halbwüsten, atemberaubende Schluchten und zierliche Brücken garantieren großartige Eindrücke und Fotomotive im Dutzend. Abfahrt täglich um 8.30 Uhr, Rückfahrt am frühen Nachmittag. Tickets gibt es für nur 8 US$ direkt beim altväterlichen Bahnhof von Ibarra; in seinen betagten Werkstätten kann man eine alte Dampflok und viel ecuadorianische Eisenbahngeschichte bestaunen.

In **San Antonio de Ibarra** wird allerlei Holzschnitzwerk hergestellt. Besonders beliebt sind Wanderer mit Stock und Hut, die Leiden Christi in allerlei grauslichen Schattierungen und tausend Mal die knallbunt lackierte Jungfrau von Quito. Wenn Ihnen Biblisches von der Stange nicht so sehr liegt, dann empfehle ich das Antiquitätengeschäft an der Panamericana gleich beim Ortseingang von San Antonio. Antikes und Trödel vom Feinsten zu sympathischen Preisen.

Etwas abseits der üblichen Touristenpfade liegt in einer mild warmen Klimazone die **Hostería San Francisco**, ein ansprechendes Landhaus mit einer eigenen heißen Quelle, nicht weit von den großen öffentlichen **Thermalquellen Chachimbiro**, nordwestlich von Ibarra (Doppelzimmer 80 US$).

Mehr auf den einheimischen Tourismus eingestellt und dennoch – oder vielleicht gerade deswegen – einen Besuch wert: die Jungfrau in der Friedensgrotte **(Gruta de la Paz)** bei San Gabriel, einem Städtchen an der Panamericana nicht weit vor Tulcan an der kolumbianischen Grenze. Fahren Sie kurz vor San Gabriel rechts ab, an einem Steilhang entlang in eine atemberaubende Schlucht hinein. Und dort steht sie dann in ihrer Tropfsteinhöhle, die anmutige Jungfrauenfigur in einem duftigen Gewand aus rosa Tüll und mit einem goldenen Krönchen auf dem Kopf. Die Gläubigen wischen sich mit dem Schleier der heiligen Maria über Stirn und Gesicht, und warten auf ein Wunder. Wie oft der Schleier gewaschen wird, ist nicht bekannt.

**Geheimtipps:**

Das nicht einmal besonders malerische Dorf **Ilumán** zwischen Otavalo und Cotacachi ist ein weithin bekanntes Schamanenzentrum. Eine **rituelle Reinigung** (Limpia) ist erschwinglich, von hohem Erlebniswert und – für die, die daran glauben – auch hilfreich. Der Schamane wedelt mit Kräutern und nimmt Kontakt zu den Geistern auf. Er besprüht seine Patienten mit Schnaps und Kölnisch Wasser, manchmal sogar mit Feuer. Und für Fortgeschrittene gibt es die **Meerschweinchen-Therapie**. Dabei rubbelt der Schamane das noch lebende Tierchen über Ihren Körper. Das Meerschweinchen absorbiert Ihre Krankheiten und stirbt. Zu Risiken und Nebenwirkungen fragen Sie bitte Ihren Arzt oder Apotheker.

Abseits der großen Touristenrouten liegt kurz vor der kolumbianischen Grenze das **einzigartige Schutzgebiet El Angel**. In der kargen Hochlandsteppe stehen tausende von **Freilejones**. Die gewaltigen, im Páramo-Nebel gespenstig wirkenden Korbblüterpflanzen erinnern mit

*Naturschutzgebiet El Angel*

ein bisschen Phantasie an überlebensgroße, betende Mönche. Übernachten Sie am besten in der **Hostería Polylepis**, auch Polylepislodge genannt, von der Ortschaft La Libertad kommend gleich hinter dem Eingang zum Schutzgebiet (pro Person mit Verpflegung ca. 75 US$). Sie finden sich in einem **tausendjährigen Märchenwald** aus verkrüppelten Papierbäumen (Polylepis) wieder, in einer verzauberten Welt, wo man ohne weiteres den Herrn der Ringe verfilmen könnte. Wer gute Nerven hat, der streife bei Vollmond durch diesen magischen Wald und wundere sich nicht, wenn ihm grinsende Kobolde, hinterhältig lächelnde Elfen und hinkende Gnome über den Weg laufen. Organisierte Trekking-Touren werden u.a. von der engagierten Umweltstiftung Golondrinas (*www. fgolondrinas.org*) angeboten; in Quito finden Sie Golondrinas in dem von ihr betriebenen Hotelchen Casa de Eliza auf der Calle Isabela la Católica Nr. N 24-679.

Das pittoreske Pflastersträßchen von Cayambe über Zuleta, Olmedo und Esperanza nach Ibarra ist kein richtiger Geheimtipp mehr, steht es doch mittlerweile schon in etlichen Reiseführern. Nicht so bekannt ist, dass man ähnlich wie im Parque Cóndor am Lago San Pablo auch in einem malerischen Tal auf dem Gelände der Hazienda Zuleta in einer über 10 Meter hohen Voliere Kondore bewundern kann. Im **„Tal der Kondore"** kann man mit etwas Glück sogar frei herumlaufende Brillenbären beobachten. Fragen Sie im Büro beim Haupthaus der Hazienda. Besuche sind an Wochentagen von 9.00 Uhr bis 16.00 Uhr möglich. Auch Zuleta selbst (vgl. Kapitel „Haziendas") ist eine Sehenswürdigkeit; und der Archäologie-Freak wird auf dem Weg zu den Kondoren präkolumbianische **Pyramiden** (Tolas) finden.

**Kuriositäten:**

Kurz vor Cotacachi liegt auf der rechten Seite das festungsartige, stets verschlossene **Gran Hotel Primitivo**. Der Besitzer vergrößert die wuchtige Anlage seit Jahren durch Unmengen von Stein und Beton; wenn sich eines Tages die Pforten dieser seltsamen Herberge öffnen, sollte man allein schon aus Neugierde mal reinschauen.

Etwa 20 Kilometer nördlich von Ibarra führt die Panamericana hinunter in ein subtropisches, heißes Tal, das so gar nicht in die nach dem Klang einer Panflöte rufende Gebirgslandschaft passt. Das ungefähr tausend Meter tiefer liegende **Valle de Chota** wird fast ausschließlich von dunkelhäutigen, meist bunt gekleideten Menschen bewohnt. Verwundert schwebt der Kondor über **einem Stück Afrika mitten in den Hochanden**. Ganz freiwillig sind die Schwarzen Ecuadors allerdings nicht hierhin gekommen. Sie wurden einst von Gottesmännern des Jesuitenordens „importiert" und dienten der „Kompanie Christi" als Sklaven auf den Haziendas der Umgebung. In unseren Tagen ist das Valle de Chota zum Fußball-Talentschuppen

*Blick auf den Vulkan Cayambe*

avanciert; je nach Jahrgang kommen bis zu sieben Spieler der ecuadorianischen Nationalmannschaft aus dem kleinen Tal. Eine Reihe von Ferienanlagen mit großen Pools und bunten Wasserrutschen bieten im Valle de Chota einen familienfreundlichen Badeurlaub für alle, die keine Lust haben, deswegen extra an die Küste zu fahren.

Ein wahres **Eldorado für Fans alter Geländewagen** ist der Kanton Montúfar nahe der kolumbianischen Grenze. In dem hübschen Städtchen **San Gabriel** prägen Hunderte, irgendwann zwischen 1950 und 1975 gebaute und zum Teil gut erhaltene Nissan Patrols auch heute noch das Straßenbild.

**La Mirage**
06-2915237
www.mirage.com.ec
mirage1@mirage.com.ec

**Hotel Otavalo**
06-2923712
06-2690333

**Hostal Aya Huma**
www.ayahuma.com
ayahuma@ayahuma.com

**El Mesón de las Flores**
06-2916009
mesondelasflores@hotmail.com

**Parque Cóndor**
www.parquecondor.org

**Hostería San Francisco**
06-2648442
09-4783964
www.hosteriasanfrancisco.com
info@hosteriasanfrancisco.com

**Hostería Polylepis**
06-2954009
09-5227472
www.polylepislodge.com
info@polylepislodge.com

## 6. Schlaglicht
# Die Straße der Vulkane
von Quito nach Riobamba

*Am Cotopaxi*

**Highlights:**

Die Highlights der Straße der Vulkane sind – wie sollte es auch anders sein – die majestätischen, schneebedeckten Feuerberge. Die beiden Spitzenreiter **Chimborazo** (6300 Meter) und **Cotopaxi** (5900 Meter) haben die schönsten, in der Andensonne glänzenden Schneekoppen und sind noch dazu benutzerfreundlich. Sie können mit jedem handelsüblichen PKW zu der auf 4800 Meter gelegenen ersten Schutzhütte des Chimborazo fahren. Auf dem Weg dorthin begegnet Ihnen mit ein bisschen Glück eine Gruppe von scheuen Vicuñas; das sind die anmutig hübschen Geschwister der Lamas und Alpakas, die mit der samtweichen und schweineteuren Wolle (Anfahrt links ab von der Straße Ambato-Guaranda).

Um zur Schutzhütte des **Cotopaxi** zu gelangen, müssen Sie ein wenig keuchen: es sind immerhin 300 recht steile Höhenmeter von dem auf 4500 Meter gelegenen Kundenparkplatz des Eisriesen. Doch die Plackerei lohnt sich. Und bitte nicht nur an der Hütte bleiben, sondern noch etwa 30 Minuten weiter nach links zum Gletscher gehen. Absolut beeindruckend!!! ... und nach dem Aufstieg vom Parkplatz ein bergsteigerischer Klacks. Wenn man die Erinnerung bemüht, ist das Ganze zugleich sehr traurig. Vor etwas mehr als fünf Jahren waren es nur 15 Minuten von der Schutzhütte bis zum Gletscher, der damals noch viel blütenweißer und majestätischer erschien. Der Berg hat ungeheuer viel Schnee verloren; er leidet, und wenn die heutigen Klimawandel-Prognosen stimmen, dann ist der Cotopaxi unheilbar krank.

**Übernachtungshighlights** auf der Straße der Vulkane sind die Humboldt-Hazienda Ciénega und die auf Inka-Mauern errichtete Hazienda San Agustin de Callo (siehe Kapitel „Haziendas").

Im Jahre 1908 schnaufte zum ersten Mal eine Dampflok von Guayaquil nach Quito. Heute fährt die **legendäre Eisenbahn** nur noch auf Teilabschnitten. Im Moment leider auch nicht auf dem weltberühmten Streckenabschnitt zwischen Alausi und der Teufelsnase, ein fast hundert Jahre altes bautechnisches Wunderwerk inmitten einer atemberaubenden Gebirgslandschaft. Vielleicht ab Oktober 2010 wieder – die Eisenbahngesellschaft hat es versprochen. Doch es hat auch was, mit dem altersschwachen Zug über seine wurmstichigen Schwellen von **Riobamba nach Palmira** zu zuckeln – ganz im Rhythmus der urtümlichen Colta-Indígenas, die in ihren leuchtend bunten Trachten rechts und links der Strecke die tiefschwarze Erde bearbeiten; ein faszinierendes Farbenspiel von Natur und Mensch.

Richtig klasse ist der Wochenendausflug (samstags, sonntags und feiertags jeweils von 8.00 bis 16.00 Uhr) mit dem Zug **von Quito nach El Boliche und Latacunga**. Die Karten werden für nur 10 US$ im Eisenbahnbüro auf der Calle Bolivar 433 in der Altstadt von Quito verkauft. Der Bahnhof liegt im südlichen Stadtviertel Chimbacalle und ist am besten mit dem von Norden nach Süden durch ganz Quito laufenden Oberleitungsbus (Trolley) zu erreichen – und dann wird's richtig gut: auf Gleis 1 steht eine polierte, alte Dampflok zum Bestaunen und zum Fotografieren. Kurz vor Abfahrt des für die eigentliche

*Der Bahnhof in Machachi*

Reise zuständigen Schienenbusses werden die Gäste in einen Wartesaal gerufen, so wie es in alten Filmen passiert. Dann geht es erst mal ab in die Neuzeit durch Quitos nicht enden wollende Südstadt, die sich wie eine schmuddelige Krake in die herrliche Umgebung frisst. Ein wirres Durcheinander von meist unverputzten Baracken, Hallen und Häusern, ähnlich formvollendet wie zerknitterte Schuhkartons. Doch wenig später schon gibt es immergrünen Balsam für die geschundenen Urlauberaugen. Wir bummeln und bimmeln durch eine liebliche Kulturlandschaft, durch ein perfektes Panorama für naive Malerei. Holstein-Kühe grasen glücklich im gescheckten Kleid; schneebedeckte Vulkane thronen auf schroffen Gebirgsketten vor einem azurblauen Himmel. Wer keine Lust hat, die eher unspektakuläre Kleinstadt Latacunga kennen zu lernen, steige in El Boliche aus. Von hier aus werden Touren zum Cotopaxi angeboten; Kostenpunkt: 50 US$ pro Geländewagen mit sechs Plätzen. Es gibt genügend Zeit, um vom Parkplatz zur Schutzhütte zu kraxeln und pünktlich wieder da zu sein, wenn der Zug am Nachmittag die Rückfahrt antritt.

**Tipps:**

Wer auf der landschaftlich attraktiven Nebenstrecke über Machachi zum Cotopaxi fährt, kommt an der Hazienda Porvenir, auch **Hostería Vulcano Land** genannt vorbei. Strohgedeckte Hochlandgemütlichkeit in durchaus komfortablen Lehmbauten mit schönem Mobiliar und knisterndem Kaminfeuer. Mit einem warmen Alpaca-Pullover ist es dann auch auf 3600 Meter Höhe richtig gemütlich (Doppelzimmer ab 40 US$).

Der alte Bahnhof von Machachi liegt nicht etwa in der Ortschaft selbst, sondern auf der anderen Seite der Panamericana etwa drei Kilometer außerhalb und noch hinter dem Dorf Aloasí. Seine 125 Jahre alten Nebengebäude waren einstmals Eisenbahnverwaltung, Hazienda und Gasthof für Bahnreisende zugleich. Heute beherbergen sie die empfehlens- und preiswerte **Hostería Estación** (Doppelzimmer knapp 40 US$). Sehr leckeres Essen und ein guter Ausgangspunkt für eine Besteigung des gleich dahinter liegenden Berges Corazon (spanisch Herz), dessen Gipfel mit etwas romantischer Fantasie tatsächlich wie ein Herz aussieht.

Einstmals gehörte die Hazienda Bolívar der Frau des ecuadorianischen Freiheitskämpfers Antonio José de Sucre. Auf dem Gelände steht noch heute ein etwa 150 Jahre altes Landhaus, aus dem der heutige Besitzer die gemütliche **Hostería Papa Gayo** gemacht hat (Übernachtung ca. 15 US$ pro Person). Sie finden diesen angenehmen Ort etwa eineinhalb Kilometer hinter der Mautstelle Machachi rechts ab von der Panamericana.

Für klapperbusfeste Traveller und Geländewagenfreunde empfehle ich eine **2-Tages-Rundfahrt der Extraklasse**: Sie führt von Latacunga über Pujilí und Tigua (berühmt für die kitschnahen, bunten Andenbilder der begabten Großfamilie Toaquiza) nach Quilotoa. Lassen Sie sich hier ein wenig Zeit; die smaragdgrüne, fast kreisrunde **Kraterlagune von Quilotoa** ist der schönste See ganz Ecuadors! Man kann durchaus in dem Örtchen oberhalb der Lagune übernachten, viel hübscher ist indes das etwa 20 Kilometer entfernte **Chugchillan**, ein sympathisches Touristenörtchen abseits der Touristenpfade. Übernachtung in dem von amerikanischen Aussteigern prima geführten **Black Sheep Inn** (Doppelzimmer ca. 120 US$) oder in dem etwas geldbeutelfreundlicheren **Hostal Mama Hilda** (Doppelzimmer ca. 35 US$). Der Rückweg über Sigchos und Toacaso bietet Landschaft, Landschaft, Landwirtschaft, hier und da ein Lama und extratiefe Abhänge für Schwindelfreie.

**Riobamba** ist nicht nur die ecuadorianische Stadt mit dem höchsten indigenen Anteil an der Bevölkerung (an die 80%), es ist eine Stadt mit einer sehr eigenen Stimmung, ein etwas schwermütiges Patchwork aus Arm und Reich, Altspanischem, Indigenem und Modernem, kariösen Säulen aus der alten Zeit, scheußlichen Betonsünden und fein herausgeputzten Fassaden, Menschen in farbenfrohen Trachten, traurigen Bettlern und elegant gekleideten, jungen Frauen. Mittlerweile hat in der verschlafenen „Sultana de los Andes" gleich gegenüber dem Bahnhof sogar ein schickes Boutique-Hotel aufgemacht: **San Pedro de Riobamba**, benannt nach dem Schutzheiligen der Stadt (Doppelzimmer 100 US$). Billig, aber ordentlich übernachten kann man ein paar Schritte weiter in einem lieblos restaurierten, hochherrschaftlichen Haus, dem **Hotel Metropolitano**: Doppelzimmer nur 20 US$.

Bei den Restaurants erwacht Riobamba nur so langsam aus seinem Dornröschenschlaf am Fuße des Chimborazo; und so bin ich schließlich doch wieder im Speiseklassiker der Stadt gelandet, dem **El Delirio**, Primer Constituyente Ecke Calle Rocafuerte. Der schnuckelige Innenhof und die mit alten Fotografien und Andenrequisiten voll

gehängten Wände haben einfach Charme, und die Küche macht einen guten Job. Einen Block weiter auf der Primer Constiyente 27 - 38 die **Cafetería / Restaurant Sierra Nevada**: klassisch-ecuadorianisch, freundlich und preisgünstig.

Sehenswerteste Kirche in Riobamba ist der kreisrunde Kuppelbau der **Basilica del Sagrado Corazón**.

*Iglesia San Antonio an der Loma de Quito* Das fröhlich bemalte Innere der Jesuitenkirche könnte eine architektonische Miniaturausgabe des Berliner Doms sein, und die Mutter Gottes verkündet den Gläubigen aus ihrem Fresko, dass es Rosen regnen werde. Der beste Aussichtspunkt der Stadt ist die **Loma de Quito**, in Stadtplänen auch Parque 21 de Abril genannt. Bei schönem Wetter macht der Chimborazo in Panorama, und der Blick ist einfach grandios; wenn der Himmel sich jedoch wolkenverhangen zeigt, dann erinnert unsere „Sultana de los Andes" mit ihrem Gebäude-Sammelsurium eher an eine leicht runzelige Witwe.

Wer die Provinzen Cotopaxi oder Chimborazo besucht, sollte sich auf keinen Fall einen der pittoresken und ursprünglich gebliebenen **Indígena-Märkte** auf den Dörfern entgehen lassen: sonntags in Pujilí und in Cajabamba, donnerstags in Guamote (besonders urig) und in Saquisili (tierisch gut der dazugehörige Viehmarkt in den frühen Morgenstunden).

Mit der neuen Straße von Riobamba nach Macas kam Geld der Regierung in das Land der urwüchsigen Colta-Indígenas und in die bis vor kurzem noch völlig hinterwäldlerische Ortschaft **Punín** (etwa bei Kilometer 20). Mit dem Geld hat man vor allem die stattliche Dorfkirche und das bis dato genauso einzigartige wie skurril verwahrloste Klostermuseum restauriert. Vorbei ist die Zeit der traurigen Heiligen, die gegen Holzwürmer kämpfen mussten; von Motten zerfressene Kirchenkunst erlebt ihren zweiten oder dritten Frühling, die armamputierte Mutter Gottes ist wie durch ein Wunder zur Schönheit geworden und Jesus trägt auch keine Badelatschen mehr. Sehenswert!

*Klostermuseum in Punín*

In **Guaranda**, der Hauptstadt der Provinz Bolívar findet alljährlich der bunteste und beste **Karneval** ganz Ecuadors statt. Farbenfrohe Umzüge, Tanzgruppen und Bombenstimmung wie im Rheinland; es werden aber auch gerne Leute in einen Wasserbottich gezoppt, um ihnen danach noch ein Ei über den Kopf zu schlagen.

**Geheimtipps:**

Auf halbem Wege von Ambato nach Riobamba geht es rechts ab zur **Estación de Urbina**. Der seit langem stillgelegte, einsame Bahnhof ist heute ein fotogen in der derben Landschaft gelegener Gasthof mit knarrenden Dielen und günstigen Preisen (etwa 15 US$ pro Person). Einfache Zimmer, gutes Essen und viel andine Atmosphäre. An klaren Tagen strahlt der Gipfel des gigantischen Chimborazo Puderzucker-weiß in der gleißenden Äquatorsonne.

Es war einmal ein gottverlassenes tausend Seelen Nest im lausig kalten Páramo der abgelegenen Provinz Bolívar. Dort gab es ein paar Hütten aus Lehm, eine kaum ergiebige Salzmine, eine kleine Kirche aus Stein und sonst nichts. **Salinas**, etwa eine halbe Stunde westlich von Guaranda, döste viele Jahre in einem bitter armen Dornröschenschlaf vor sich hin. Bis irgendwann ein rühriger Priester aus Italien und ein paar finanzkräftige Entwicklungshilfeorganisationen zusammen mit den ehrgeizigen Bauern und Bäuerinnen diese kleine Welt, in der vor 35 Jahren noch kaum jemand lesen und schreiben konnte, ganz und gar veränderten. Schon bald entstanden mehr als zwei Dutzend kleine Betriebe, Käsereien, Metzgereien und Kleinstfabriken, die leckeres Naschwerk aus Schokolade, Nüssen und Honig herstellen. In den 1990er Jahren kam ein brauchbares Hotelchen (**El Refúgio**, Doppelzimmer ca. 40 US$) dazu. Ein kleines Reisebüro organisiert Besichtigungstouren zu den Kooperativen und Reitausflüge oder Wanderungen in die mystische Bergwelt, in der fotogene Alpacas fürs Album bereit stehen. Schauen Sie doch mal auf die gut gemachte Webseite *www.salinerito.com.*

Wer zufällig zum **Dreikönigsfest** am 6. Januar in **Salinas** weilt, muss erstens trinkfest sein; denn es ist ein quasi unmögliches Unterfangen, den von morgens bis abends herumgereichten Schnaps auszuschlagen. Zweitens muss man abgehärtet sein; denn die Leute machen sich eine Gaudi daraus, sich bei vielleicht 5 Grad Celsius gegenseitig mit Eimern von eiskaltem Gebirgswasser zu überschütten. Drittens sollten Sie ohne ihren Hund reisen; denn schon so manch einem armen Tier wurde im Eifer der rauen Festlichkeiten mit einer Machete der Schwanz abgeschlagen.

Ein paar Kilometer von der Provinzhauptstadt Guaranda entfernt liegt **Guayco**, eine schon fast gigantomanische Wallfahrtskirche in einem lauschigen Tal. Dort finden sich in jedem Jahr, das der Herr erschaffen hat, am **8. September** Hunderte und Aberhunderte von Gläubigen ein. Sie nähern sich in langen Schlangen Mama Nati, der Madonna von Guayco und berühren andächtig ihr rotes Gewand, das über die Jahre schon ganz abgegriffen ist. Die Pilger übernachten im

zugigen Innenhof des Klosters, in dicke Ponchos gehüllt und auf Lagern aus Stroh. Am Abend flackern Tausende von Kerzen und tauchen die Wallfahrtsstätte in ein fast gespenstiges, diffuses Licht. Eine ergreifende Szenerie tief empfundenen Glaubens!

**Kuriositäten:**

Wenn Religionen, Kulturen und Geschichte voller Lebensfreude miteinander verschmelzen, dann werden in Latacunga einem Würdenträger der Stadt Frauenkleider angetan. Er kriegt wulstige Lippen geschminkt, und sein Gesicht wird schwarz angemalt. Kleider machen Leute, und so führt der falsche Mohr als „Mama Negra" hoch zu Ross eine grelle Prozession an, bei der auch die Jungfrau Maria, ein maurischer König und Inka-Krieger mit von der Partie sind. Am 23. und 24. September und dann noch einmal Anfang November findet in Latacunga die originelle und wohl auch einzigartige **Fiesta de la Mama Negra** statt.

Auf dem Weg von Latacunga nach Ambato sollte man sich ein leckeres Eis gönnen; nicht irgendwo sondern in der **„Eisstadt" Salcedo**.

Die halbe Stadt widmet sich der Herstellung von ausgezeichnetem Speiseeis.

Die **Kathedrale von Riobamba** glänzt mit einer eindrucksvollen, kolonialen Fassade. Doch dahinter verbergen sich ein futuristischer Jesus und ein völlig kahles Kirchenschiff; als ob es kein Gold und keine sakrale Fantasie in Ecuador gäbe. Die Jünger Calvins würden beim Betreten dieser Wartehalle Gottes in puritanischer Freude frohlocken.

Hacienda Porvenir /
Hostería Vulcano Land
02-2041520
02-6009533
09-4980121
www.volcanoland.com
info@volcanoland.com

Hostería Estación
02-2309246

Hostería Papa Gayo
02-2310002
09-9462269
www.hosteria-papagayo.com

The Black Sheep Inn
03-2814587
www.blacksheepinn.com
info@blacksheepinn.com

Hostal Mamá Hilda
03-2814814
02-2582957
info@hostalmamahilda.org

Hotel San Pedro de Riobamba
03-2940586
03-2944243
www.hotelsanpedroderiobamba.
com

Hotel Metropolitano
03-2961714

Estación de Urbina
03-2942215
09-9694867
aventurag@ch.pro.ec

El Refugio
03-2390022
03-2210043
www.salinerito.com
fugjs@andinanet.net

# 7. Schlaglicht
## Südliche Anden

*Traditionsreiche Stadt: Cuenca*

### Highlights:

Für die alten Inkas sollte das prächtige Tomebamba mit seinem gold-glänzenden Sonnentempel ein Cusco des Nordens werden. Heute heißt die traditionsreiche Stadt **Cuenca** und ist seit 1999 Teil des Welterbes der UNESCO. Je nach Reiseführer hat die Kulturhochburg des ecuadorianischen Südens zwischen 27 und 52 Kirchen. Zählen Sie doch selbst einmal nach, und Sie werden auf Ihrer Erkundungstour durch eine der gepflegtesten Städte Ecuadors auch auf eine Vielzahl von spannenden Museen, auf schönste Kolonial- und Neokolonialarchitektur und auf einen bunten Blumenmarkt an der Plazoletta El Carmen gleich bei dem zentralen Parque Calderón stoßen. Ein mehrstündiger Bummel über historisches Kopfsteinpflaster lohnt sich auf jeden Fall. Nach so viel lateinamerikanischer Kultur ein kleines Stück der eigenen Kultur gefällig? Bitte sehr: ein köstliches Bier in der deutschen **Wunderbar** auf der Calle Larga / Calle Hermano Miguel oder ein leckeres Stück Sahnetorte im **Café Austria** an der Ecke Benigno Malo / Juan Jaramillo.

**Ingapirca** sind die größten Inka-Ruinen Ecuadors. An Machu-Pichu oder Sagsayhuaman in Peru kommen sie – ehrlich gesagt – nicht heran; doch auch hier präsentiert sich ein faszinierendes Zeugnis der majestätischen, fugenlosen Baukunst der Inkas. Wer sich den Mauern von Ingapirka wie in der alten Zeit und mit guter Kondition nähern möchte, dem sei der **Inka-Trail** empfohlen; eine dreitägige Wanderung auf dem immer noch recht gut erhaltenen Weg der Inka. Man startet in dem Dorf Achupallas, etwa 100 Kilometer südlich von Riobamba, östlich der Panamericana. Und nach dem langen Marsch durch die karge Gebirgslandschaft und zwei Nächten im Zelt haben Sie sich eine Übernachtung in der urigen **Posada Ingapirca** verdient (Doppelzimmer ca. 70 US$). Knarrende Dielen, quietschende Türen und prasselndes Kaminfeuer sorgen für ziemlich authentische Berghazienda-Stimmung; die Aussicht auf die stimmungsvollen Ruinen, in denen einst der Sonnenkönig Rast machte, ist fantastisch.

**Tipps:**

Cuenca bietet nicht nur Geschichtlich-Kulturelles, sondern auch eine Menge **Lebensstil**, z.B. bei einem romantischen Dinner zwischen den kolonialen Säulen des **Restaurants Villa Rosa** auf der Calle Gran Colombia / Calle Tarqui. Oder ein Abend im **Café Eucalypto** auf der Gran Colombia Ecke Benigno Malo: viel edles Holz schafft ein behagliches Ambiente für die phantasievolle Speisekarte mit Tapas aus aller Welt. Das urige **Restaurant Raymipampa** bietet einfache und schmackhafte Speisen unter den Arkaden des Hauptplatzes gleich neben der Catedral Nueva. Im **Pedregal Azteca** (Calle Gran Colombia 10-29) gibt es authentische, mexikanische Küche. Und wer in Cuenca in einem modernen Kasten übernachtet, ist es selber schuld.

Von den zahlreichen stilvollen, oft denkmalgeschützten Hotels im historischen Stadtkern empfehle ich besonders das **Hotel Santa Lucía** in der Calle Borrero 8-44, ein Prachtstück ecuadorianischer Architektur mit einer Einrichtung vom Feinsten (Doppelzimmer ca. 100 US$). Das **Traditionshotel Crespo** auf der Calle Larga ist ein wenig in die Jahre gekommen; doch unschlagbar bleibt sein unvergleichlicher Blick über den Rio Tomebamba (Doppelzimmer ca. 100 US$). Fragen Sie nach Zimmer 502, es ist besonders geräumig und hat die schönste Aussicht. Sehr beliebt und stilsicher eingerichtet: das schicke **Hotel Carvallo** auf der Calle Gran Colombia 9-52, nicht weit vom zentralen Parque Calderón (Doppelzimmer ab 80 US$). Das leicht abgewohnte, aber gut gepflegte **Hostal Colonial** an der Ecke Gran Colombia / Padre Aguirre bietet astreines Kolonialflair für nur 25 US$ das Doppelzimmer.

Cuenca und seine Umgebung sind ein weithin anerkanntes **Zentrum des Kunsthandwerks**. Hier ist Ihr Geld gut angelegt, da die Produkte durchweg hohe Qualität haben. Besonders schön sind die bunten Keramiken und die superfeinen Pánamahüte. Schauen Sie mal in die Kunsthandwerksläden der **Esquina de las Artes** in der Avenida 12 de Abril, Höhe Calle Agustin Cueva. Für einen netten Shopping-Ausklang empfehle ich an gleicher Stelle das spanisch angehauchte Restaurant Vino & Oliva. Eine Sehenswürdigkeit für sich ist der betagte Laden des ebenso betagten **Hutmachers Alberto Pulla** in der Calle Tarqui 6-91. Dort baumeln an Schnüren aufgehängte, wertvolle Hüte von der staubigen Decke, als ob die Zeit vor 50 Jahren stehen geblieben wäre. Aber auch Korbwaren, Gestricktes und Gold- und Silberarbeiten, insbesondere aus der Gegend um Chordeleg können sich sehen lassen.

Im **Nationalpark Cajas** westlich von Cuenca liegen über zweihundert wildromantische Seen, die dunkel in der schroffen Gebirgslandschaft schimmern. Die Spanier nannten die Landschaftsform Páramo, was soviel wie Ödland heißt. Doch von nahem besehen offenbart der Páramo Tausende von kleinen, bunten Blüten: Von Enzian-blau über Ferrari-rot bis zu Quitten-gelb, dazwischen die leuchtend orangen Blütenstände der stacheligen Chuquiragua-Sträucher. Die Temperaturen steigen in dem zwischen 3100 und 4500 Höhenmeter gelegenen Park selten über 10

Grad; das herrliche Naturerlebnis erfordert also etwas Abhärtung und/oder warme Kleidung.

Alexander von Humboldt soll die Gegend um Loja wegen ihrer grandiosen Artenvielfalt den Garten Ecuadors genannt haben. Hier wurde der Cinchona-Baum entdeckt, aus dessen Rinde man das Malariamittel Chinin gewinnt. Das Filetstück der megadiversen Natur ist der **Nationalpark Podocarpus**, benannt nach einem namensgleichen Nadelbaum, der einzigartig im tropischen Südamerika ist. Idealer Ausgangspunkt für einen Besuch des Nationalparks ist die verschlafene Provinzstadt Loja (Informationen beim Ministerio de Ambiente, Calle Sucre). Ansonsten hat **Loja** eine Reihe mittelmäßiger Hotels, ein paar hübsche, koloniale Bauten im Zentrum, und ist die sauberste Stadt in ganz Ecuador. Neudings gibt es auch ein Boutique-Hotel der edlen Klasse: das Grand Victoria, sehr zentral gelegen auf der Calle Valdivieso 06-50 (Doppelzimmer ab 100 US$). Und es gibt eine richtig trödelige Kneipe, die genauso gut in der Kölner Altstadt stehen könnte: „El Viejo Minero" auf der Calle Sucre zwischen Miguel Riofrio und Azuay.

In **Vilcabamba**, dem **Tal der Hundertjährigen** gibt es tatsächlich so viele hochbetagte Menschen, dass sie in gewisser Weise das Straßenbild des abgeschiedenen Städtchens südlich von Loja prägen. Wie alt die Leute wirklich sind, das weiß man mangels genauer Personenstandsregister nicht so genau. Auf jeden Fall erfreut sich die andine Rentnerband bester Gesundheit. Dies mag an einem stressfreien, erfüllten Leben und dem ganzjährig milden Frühlingsklima des stillen Luftkurorts Vilcabamba liegen. Die umliegende Hügellandschaft strahlt eine sanfte Ruhe aus; und nette Hotels und Restaurants gibt es auch. Ein idealer Platz für Menschen, die Erholung statt Abenteuer suchen, auch bei Rucksacktouristen sehr beliebt, und bei schrägen Freaks, die gerne ein das Bewusstsein erweiternde Kaktusgebräu trinken, wie einst bei Castañeda – und dann albern durch die Gegend torkeln. Diese Drogen sind natürlich streng verboten.

Originell und fotogen: die quasi am Fels schwebende neugotische **Zuckerbäckerkirche von Biblián** (ca. 30 Kilometer nördlich von Cuenca); sie hat auch Papst Johannes Paul II. gut gefallen, als er 1985 Ecuador besuchte.

## Geheimtipps:

Wer die Ursprünglichkeit mag, sollte etwa 70 Kilometer südlich von Riobamba die Abzweigung zu den etwa 40 Kilometer von der Panamericana entfernten Seen von **Osogoche** nehmen. Hier leben die Indígenas tatsächlich noch in strohgedeckten Hütten und tragen leuchtend bunte Ponchos, lebendige Farbkleckse in einer grandiosen Landschaft. Bei schönem Wetter leuchtet die Andensonne wahrhaft himmelblau; das gelblich grüne Páramo-Gras wächst vor dunklen Seen und einer majestätischen Bergkulisse. Der Sonnengott Inti malt Ihnen eine Szene in die Natur, die der Vorspann zu einem Hollywoodfilm über die Inkas sein könnte. Übernachtung in Osogoche ist vorerst nur im eigenen Zelt möglich.

## Kuriositäten:

Es sollte die größte Kirche Lateinamerikas werden. Doch ihr schwäbischer **Baumeister** Johann Baptist Stiehle **verrechnete sich** bei den

*Die Nueva Catedral in Cuenca*

Bauplänen der **Nueva Catedral** an der Plaza Calderón in Cuenca. Die vorgesehenen, mächtigen Glockentürme waren zu schwer und konnten nicht auf das bis zu 10.000 Menschen fassende Gotteshaus gesetzt werden. Doch imposant ist der monumentale Tempel mit seinen himmelblauen Kuppeln allemal.

Die Geschichte der Patricia Talbot hat in den 80er Jahren halb Ecuador und den Heiligen Stuhl in Rom bewegt. War doch der jungen Cuencanerin immer wieder die Jungfrau Maria erschienen. Die **Jungfrau von Cajas** war geboren, und fortan kamen die Menschen zu Tausenden und Abertausenden, um den Erscheinungen beizuwohnen. Die Natur hatte die geheimnisvollen Geschehnisse mittels der ihr innewohnenden Gewalten nach Kräften unterstützt; in den Bergen des Nationalparks Cajas sind aus heiterem Himmel kommende Blitze und furchterregende Donnerschläge besonders häufig. Und dennoch wurde an der Wahrhaftigkeit des Ganzen gezweifelt; Sensationsreporter vermuteten ein Tonbandgerät unter dem Gewand der Patricia Talbot. Und so wurde es der Jungfrau Maria dann irgendwann doch zu eng und betriebsam. Sie zog sich in den Himmel zurück; das Medium heiratete, und heute erinnert eine Gedenkstätte neben der durch den Nationalpark laufenden Straße an die wundersamen Vorkommnisse.

Es war einmal in dem winzigen Städtchen Oña, etwa 25 Kilometer nördlich von Saraguro an der Straße nach Cuenca, dass gleich drei Schwestern keinen Mann mitbekamen. So machten sie in ihrem Hexenhäuschen ein winziges Restaurant auf und bieten seitdem richtig leckere Hausmannskost an. Achten Sie drauf: auch wenn die jüngste der **Señorita Alvarado** bereits über 70 Jahre alt ist, wollen alle drei unbedingt mit Señorita, keinesfalls mit Señora angesprochen werden.

Ob Ihnen das neue **Stadttor von Loja** gefällt, das müssen sie selbst entscheiden. In einer architektonischen Gratwanderung zwischen Kitsch und Wichtigkeit wurden Elemente aus dem Legoland mit solchen aus Neuschwanstein zu einem seltsamen Gemäuer verbaut, an dem Harry Potter seine helle Freude hätte.

**Posado Ingapirca**
07-2827401
www.grupo-sataana.net

**Hotel Santa Lucia**
07-2828000
www.santaluciahotel.com
info@santaluciahotel.com

**Hotel Crespo**
07-2842571
www.hotelcrespo.com
info@hotelcrespo.com

**Hotel Carvallo**
07-2832063
reservas@hotelcarvallo.com.ec

**Hostal Colonial**
07-2841644
07-2823793

**Hotel Grand Victoria**
07-2583500
www.grandvictoriabh.com
reservas@grandvictoriabh.com

# 8. Schlaglicht
## Zaruma und Umgebung

*Parque Central in Zaruma*

Zuruma ist ein Städtchen mit knapp 25.000 Einwohnern im Südwesten von Ecuador. Es thront malerisch auf einem Hügel inmitten einer bezaubernd schönen Landschaft.

Ein Blick zurück in die Geschichte von Zaruma ist immer auch eine Geschichte des Goldes. Schon lange Zeit vor den Inkas hatten Sariumas, Pacchas und andere indigene Völker die reichen Goldminen von Zaruma entdeckt. Sie behängten sich mit schwerem Schmuck aus dem edlen Metall und wurden schließlich von den mächtigen Cañaris unterworfen, die das Gold und die Sonne genauso verehrten. Die Cañaris errichteten beeindruckende Tempel, auf die man bei Wanderungen in der Umgebung von Zaruma noch heute stoßen kann.

Bald bemächtigten sich die Inkas der Goldminen, um das unermessliche Lösegeld heranzuschaffen, dass die Spanier für ihren gefangenen Herrscher Atahualpa verlangten. Der letzte Inka wurde schließlich doch umgebracht, und es waren die spanischen Eroberer, die fortan die reichen Goldminen ausbeuteten. Dabei führten sie erst den Fünften und schließlich den Sechsten – weil dies bei der riesigen Menge auch reichte – an ihren König ab. So heißt die historische Mine, die man heute noch besichtigen kann, auch El Sexmo.

Ende des 19. Jahrhunderts wurden die Minen zuerst von den Engländern, dann von den Franzosen und schließlich von einem US-amerikanischen Unternehmen übernommen. Aus anderen Landesteilen vertriebene Juden hatten sich auch in Zaruma niedergelassen. Und so entwickelte sich über die Generationen ein ganz eigener, ungeheuer sympathischer Menschenschlag. Halb Ecuador schwärmt von der fremdartigen Schönheit der Frauen aus Zaruma. Trotz all des Goldes haben sich weder Raffgier noch Wildwest breit gemacht. Stattdessen ist friedliche Beschaulichkeit entstanden. Dabei gibt es in Zaruma auch heute noch Goldminen, die in Betrieb sind.

**Highlights:**

Der malerische Hauptplatz von Zaruma **(Parque Central)** gehört in die Liste der Orte, wo man die Seele baumeln lassen kann. Das fotogene Ensemble aus alten Holzhäusern, Arkaden und tropischen Pflanzen wird von einer fröhlich dekorierten Holzkirche aus den 20er Jahren des letzten Jahrhunderts überragt. Im Turm des hübschen Gotteshauses schlägt übrigens ein deutsches Uhrwerk der Firma Hansa. Die umliegenden Gassen beherbergen so manch kleines Geschäft, das sich seit Großvaters Zeiten kaum verändert hat. Wie eh und je verkauft der 80-jährige Don Marcelo herrlich duftenden Zaruma-Kaffee aus großen Fässern, die er wie Schatzkammern hütet. Die meisten der Holzhäuser Zarumas sind an die 100 Jahre alt und erzählen von althergebrachtem Wohlstand. Wo sonst findet man auch Arkadengänge mit Bürgersteigen aus Tropenholz, das so hart ist, dass es nicht einmal knarrt?

Warum nicht gleich am Parque Central wohnen, wenn Sie schon einmal in Zaruma sind. Ich empfehle das sehr einfache, aber gut gepflegte **Hostal Romería**, seit 1933 in Familienbesitz und in bester Lage direkt an der Plaza (pro Person 10 US$).

**Tipps:**

Als traditionsreiche Minenstadt hat Zaruma aus einer historischen, mittlerweile stillgelegten Goldmine ein spannendes Museum gemacht: **El Sexmo**. Ein Abstecher in die finsteren Gänge der Mine gibt authentisches Unterwelt-Feeling.

Kuscheliges Grün umschmiegt die Hügel und Berge bei Zaruma – dies könnte die Gegend sein, wo man die Geländematte für Modelleisenbahnen erfunden hat. Besonders gut kommt das **pittoreske Panorama** mit dem Städtchen und seiner Holzkirche im Vordergrund. Dazu gehe man die Calle San Francisco hoch bis zur gleichnamigen (eher übersehenswerten) Kirche und drücke dort auf den Auslöser der Kamera. Wenn Sie sich bei der

*Museum in Zaruma: El Sexmo*

San Francisco-Kirche nach rechts wenden, kommen Sie nach ein paar Hundert Metern zu einem weiteren Erste-Sahne-Aussichtspunkt. Wer längere Zeit mitten in dem tropischen Grün des Postkartenpanoramas verbringen möchte, sollte sich zur **Hostería El Jardín,** auf dem Weg von Zaruma nach Portovelo, begeben. Blitzsaubere Zimmer mit Frühstück für 17 US$ pro Person. Drumherum ist allerdings nur Geländematte, und nach Zaruma sind es zu Fuss etwa 30 Minuten.

Einen schönen Blick über das Tal – diesmal ohne Kirche und dafür mit einer Tasse Kaffee – gibt es von der **Restaurant-Bar 200 Million** auf der Hauptstraße nicht weit vom Ortseingang. Ein netter Platz zum Kaffeetrinken ohne Aussicht: das **Café Pasado** im Arkadengang der Calle Bólivar.

Nicht weit von Zaruma kann man vergessene, vom Bergregenwald überwucherte Städte entdecken. Die größte von ihnen ist **Yacubiñay**. So groß wie Machu Pichu ist die Fundstätte zugegebenermaßen nicht, aber wir sind ja auch nicht Hiram Bingham oder Heinrich Schliemann. Für die Entdeckungstour zu der verlorenen Stadt brauchen Sie einen einheimischen Führer, was das Erlebnis des Entdeckens überhaupt nicht schmälert – als Kolumbus Amerika „entdeckte", kannten die Inkas den Kontinent ja auch schon. Wer sich den teuren Mietwagen sparen möchte, fahre morgens gegen 6 Uhr mit dem Bus bis kurz hinter Paccha. Von dort sind es drei Stunden Aufstieg; für den Rückweg muss man auch noch einmal gut zwei Stunden kalkulieren. Streckenweise geht es durch geheimnisvolle, aber auch ziemlich morastige Bergnebelwälder. In so einem Gelände läuft in der Regenzeit ohne Gummistiefel gar nichts, und so habe ich mich gefragt, wie die alten Cañaris damals zurecht gekommen sind. Sie haben in diesem unwegsamen Gelände ihre Nahrung gesucht, sind zum Medizinmann gegangen, haben Handel getrieben, und ihre Beamten haben Abgaben eingezogen – und das alles ohne Gummistiefel!

In der Umgebung von Zaruma gibt es eine ganze Reihe von herrlichen Wasserfällen mit kristallklarem Gebirgswasser. Besonders groß und beeindruckend ist die Kaskade von **Chaca Capac**. Man fährt von Zaruma gut eine Stunde mit dem Auto in östlicher Richtung und steigt dann etwa 45 Minuten gemütlich in die Tiefe; wegen des recht steilen Aufstiegs auf dem Rückweg ist dieser Trip für Fußlahme und untrainierte Raucher/innen allerdings weniger attraktiv. Deutlich benutzerfreundlicher der Weg zu der attraktiven **Arcoiris-Kaskade**: von Zaruma aus sind es knapp eine Stunde mit dem Auto und dann nur noch schlappe fünf Minuten zu Fuß. Arcoiris wurde übrigens erst vor 4 Jahren

*Auf dem Weg nach Yacubiñay*

für den Tourismus entdeckt – vielleicht entdecken Sie ja noch weitere schöne Wasserfälle, wenn Sie die Gegend um Zaruma erkunden.

Hoch über Portovelo thront eine bunte Kapelle, zu der ein steiler Kreuzweg hinaufführt. In 14 Türmchen ist der Leidensweg Christi auf bunten Bildern dargestellt. Ansonsten hat man den Kreuzweg weitgehend der Natur überlassen. Pilger und Touristen müssen sich durchs Dickicht kämpfen und können so selbst einen Hauch der Leiden spüren. Da an der **Via Dolorosa von Portovelo** keine Brennnesseln wachsen, kann der Kreuzweg aber auch als Wandertipp durchgehen; die Aussicht jedenfalls ist phänomenal.

Das Leib- und Magengericht der Zarumeños ist **Tigrillo**, eine Art Rührei mit viel Kochbanane und Käse. Der „kleine Tiger" kann wahlweise auch mit Fleisch bestellt werden und liegt im Magen wie ein nahrhafter Stein.

Ein guter **Stadtführer und Tourorganisator** ist Ramiro Rodriguez (Tel.: 09-2498623), zu kontaktieren auch über das Hostal Romería am Parque Central. Am Hauptplatz gibt es außerdem das Reisebüro Oro Adventure (Tel.: 2972761) und ein Fremdenverkehrsbüro mit zwei Beamtinnen und vielen bunten Prospekten.

Obwohl Zaruma in den Bergen und in der Provinz Loja liegt, ist der Ort am einfachsten von der Küste aus zu erreichen. Von der Hafenstadt Machala aus sind es keine drei Stunden mit dem Bus. Von Quito aus fliegt man am Besten zu dem neuen Flughafen Santa Rosa bei Machala.

## Geheimtipps:

Der ganze Ort ist mein Geheimtipp für Ecuador. Zaruma ist ein idealer Ort zum Entspannen und den Lieben Gott einen guten Mann sein zu lassen, ein malerisches Städtchen in einer ausnehmend schönen Landschaft, ein Städtchen, wo die Welt in Ordnung ist und wo es aus Holz gefertigte Trottoirs gibt, ein Ort, wo die Menschen Zeit haben und sich auf der Straße grüßen, wo das ganze Jahr über ein ausgeglichenes Frühlingsklima herrscht, wo der Kaffee herrlich schmeckt und wo Kriminalität so gut wie unbekannt ist. Zaruma möchte gerne Weltkulturerbe werden – und sollte es werden. Einziger Minuspunkt sind die vielen, mit dem Wohlstand gekommenen Autos, die sich wie eine beängstigende Überpopulation von Porzellanladen-Elefanten durch das kleine Dorf wälzen, den Leuten über die Füße fahren und stinken.

## Kuriositäten:

Das städtische **Museum** von Zaruma ist gleich hinter dem Hauptplatz in einem reich bedrechselten Holzhaus untergebracht. Neben vielen alten Fotos, Urkunden, Madonnen und dem Denkmal eines örtlichen Schlagersängers hat sich auch eine Büste von Lenin eingeschlichen.

Auf dem Zentralplatz von Zaruma posiert ein **vergoldetes Manneken Pis** und uriniert völlig ungeniert zwischen die tropischen Pflanzen. Angesicht der durch die Goldgewinnung mit Quecksilber und Chemikalien verseuchten Flüsse hat der güldne Pinkler durchaus einen gewissen Symbolgehalt.

Das Stadion von Portovelo wird auch gern **Estadio de Oro** (Goldstadion) genannt, weil nach groben Schätzungen unter seinem Fußballrasen Gold im Werte von 30 Millionen US$ lagert. Der Grund ist, dass frühere Minengesellschaften das geförderte Gestein nicht vollständig ausgebeutet haben und das Stadion nun genau auf diesem mit reichlich Gold durchsetzten Erdreich steht.

Bakelithelme und Karbidlampen, deformierte Totenschädel und lang ausgediente Schreibmaschinen, Haifischzähne und ein kaputtes, deutsches Klavier aus dem Jahre 1830; dies und noch viel mehr findet sich in dem genauso kuriosen wie sehenswerten **Museum** des Geologen und lebenslänglichen Sammlers **Magner Turner** in Portovelo. Der eigentliche Kern der Ausstellung aber sind tausende von Mineralien und Steinen, außerdem eine in den Berg geschlagene Attrappe einer Goldmine und ein versteinerter Baumstamm aus Puyango. Anfahrt am besten mit dem Taxi, da das Museum in einer versteckten Nebenstraße oberhalb der Stadt liegt. Die Taxifahrer in Portovelo kennen das Haus von Herrn Turner.

*Geländematte*

| Hostal Romería | Hostería El Jardín |
|---|---|
| 07-2972173 | 07-2972706 |
| 07-2972263 | 09-7568134 |
| romeria_hostal@hotmail.com | www.vivazaruma.com/ |
| | hosteria-el-jardin-zaruma |

## 9. Schlaglicht
# Provinz Tungurahua, das Tor zu Amazonien

**Highlights:**

Nach der indigenen Mythologie ist der Vulkan Tungurahua ein weiblicher Berg. An den Fuß von Mama Tungurahua gekuschelt liegt ein kleines, außergewöhnliches Städtchen mit gesunden Thermalquellen, Millionen von bunten Blumen und einem ganzjährig milden Klima: **Baños**, eine Mischung aus andinem Kurbad, Disneyland und Kevelaer. Bunte Bimmelbähnchen mit Drachenköpfen und Souvenirläden, Kneipen, Discos und Restaurants bis zum Abwinken. Zufrieden jauchzet groß und klein, hier bin ich Mensch, hier darf ich's sein, würde Goethe sagen, hätte er Baños erleben dürfen. Im Oktober 1999 war dann Schiller dran: Alles rennet, rettet, flüchtet, taghell ist die Nacht erlichtet; Mama Tungurahua war in Wut geraten und brach aus. Baños musste evakuiert werden. Drei Monate später hatte die Situation sich beruhigt; die Menschen kehrten in den unversehrt gebliebenen Ort zurück. Doch Baños blieb ein „heißes Pflaster". Mama Tungurahua wollte das Rauchen nicht aufgegeben; in den Jahren 2006, 2008 und zuletzt im Mai 2010 hat sie Bewohner und Besucher wieder mit Asche, Gesteinsregen und Lava erschreckt.

Jeweils kurze Zeit später kehrte man vor den Augen des grollenden Vulkans zur touristischen Tagesordnung zurück: Vor dem Früh-

*Mama Tungurahua in Aktion*

stück ein heißes Bad in den zur späteren Stunde oft überfüllten **Thermalquellen** La Virgen auf der Calle Juan Montalvo direkt unter dem Jungfrauen-Wasserfall (geöffnet ab 4.30 Uhr), am Vormittag eine Wanderung zu den Aussichtspunkten **Mirador** und/oder **Bellavista-Kreuz** und ihren fantastischen Panorama-Ausblicken; Mittagessen irgendwo auf der **Calle Ambato**, wo sich ein Restaurant an das nächste reiht. Am Nachmittag dann ein Ausflug mit einem der originellen, bunt bepinselten Holz-

*Einer der wildromantischen Wasserfälle*

busse (Chivas) zu den wildromantischen **Wasserfällen** zwischen Rio Blanco, Rio Verde und Rio Negro. Geschmackvoll ausklingen kann der Tag mit einem französischen Menu und einem Glas Rotwein bei **Mariane** auf der Calle Luis A. Martínes oder im **Petit Restaurant** auf der 16 de Diciembre. Ganz gut ist auch die **Pizzería Napolitano** auf der 12 de Noviembre. Am zweiten Urlaubstag in Baños bietet sich ein Ausritt an, auf dem Mietgaul, einem Fahrrad oder Mountainbike. Sie können auch einen organisierten Dschungeltrip machen oder in den Zoo gehen. So schnell wird's hier nicht langweilig.

**Tipps:**

Früher schwebten die Hinterräder von klapperigen Reisebussen mit Aufschriften wie „Jesus meine Zuversicht" oder „Wenn Gott will, kehre ich zurück" in engen Kurven fast zwangsläufig über Hunderte von Metern tiefen Abgründen. Heute sind die wirklich atemberaubenden Teilstücke der **Straße von Baños nach Puyo** nur noch mit dem Fahrrad oder zu Fuß zugänglich. Der Autoverkehr wird durch lange Tunnels geschickt, und so ist das **„Tor zu Amazonien"** für den motorisierten Teil der Reisenden nicht mehr ganz so spektakulär. Entwicklung versus Nervenkitzel. Immerhin sind aufregende Aussichten in das steil in das Gebirge geschnittene Tal des Pastaza geblieben: Mehrere hundert Meter hohe Kaskaden rauschen mit Urgewalt in die Tiefe, und am Horizont schimmert das silbrig grüne Regenwaldmeer des ecuadorianischen Amazonasbeckens. Wer mehr Lust auf Nähe zu dieser unbeschreiblich schönen Natur zwischen Andenhochland und Tropendschungel hat, kann die alte Straße als Wanderweg nutzen oder sich ein Fahrrad mieten.

Haben Sie Interesse an einem garantiert untauglichen Selbstmordversuch? Auch dann sind sie auf der Straße von Baños nach Puyo richtig. Zwischen Rio Blanco und Rio Verde ist eine abenteuerliche Drahtseilbahn über die mehrere hundert Meter tiefe Schlucht des Pastaza gespannt. Fahren Sie mal mit dem Ding. Der Maschendrahtkäfig der **„Tarabita"** ist fest verschlossen und so stabil wie im Zoo; selbst im Höhenrausch kann niemand herausfallen. Der Motor der Seilbahn stammt aus einem alten Opel, und von Abstürzen des Fahrgastkäfigs ist bisher noch nichts bekannt geworden. Gute Fahrt!

Absolut lohnenswert ist ein kurzer Abstecher (20 Minuten Fußweg von dem Örtchen Rio Verde) zum **Pailon del Diablo**, dem größten und lautesten der in die Schlucht des Rio Pastaza tosenden Wasserfälle. Und wer ein wenig länger in dieser wunderbaren Gegend verweilen möchte, dem sei ein lauschiges Hotel empfohlen. Es liegt ca. 2 km hinter Rio Verde und trägt ganz zu Recht den Namen **Pequeño Paraíso**: ein kleines Paradies für etwa 20 US$ im Doppelzimmer.

Mein Lieblingshotel in Baños ist das **Palace**, eine leicht angestaubte, altehrwürdige Pracht mit diversen An- und Aufbauten, direkt am Jungfrauen-Wasserfall gelegen. Knarrende Dielen, eine imposante Schwarz-Weiß-Fotosammlung im holzgetäfelten Flur, Schwimmbad und Sauna (Doppelzimmer ab 60 US$). Empfehlenswert ist auch das **Hostal Isla de los Baños**, eine freundliche Pension in einer netten Villa mit Garten auf der Calle Halfants. (Doppelzimmer ab 25 US$). Der deutsche Besitzer Christian vermietet auch Reitpferde und organisiert Touren in die Umgebung.

Auf der kurvigen Kopfsteinpflasterstraße von Patate nach El Triumfo gibt es zwei übernachtenswerte Hazienda-Hotels mit fantastischem Blick auf den Tunguragua: **Leito „Los Llanganates"** und **„Los Manteles"** (siehe Schlaglicht „Haziendas").

Wenn **Mama Tungurahua** mal wieder schlecht gelaunt ist und schwere Rauchwolken oder gar rot glühende Lava ausspuckt, dann würden Richard Wagner und Roland Emmerich vor Neid erblassen. Der Vulkan präsentiert ein dramatisches Schauspiel, beängstigend und faszinierend zugleich. Es gibt in Baños, aber auch in Ambato und Riobamba **Aussichtspunkte**, von denen man das Naturschauspiel bei klarer Witterung wie von einem Logenplatz aus beobachten kann. Fragen Sie einfach einen Taxifahrer und lassen sich hin bringen. Das besonders spektakuläre Herausströmen von Lava aus dem Kraterschlund ist nur nachts sichtbar. Ein Besteigen des Tungurahua-Gipfels ist aus nahe liegenden Gründen seit mehreren Jahren strikt verboten. Nach wie vor möglich ist die etwa 6-stündige, sogar ausgeschilderte Wanderung vom Eingang des Nationalparks in der Nähe der Ortschaft Pondoa bis zu dem ziemlich verwahrlosten Refugium an der Baumgrenze auf 3900 Metern. Diese Tour ist stetig ansteigend und daher äußerst schweißtreibend, aber bergsteigerisch anspruchslos und normalerweise auch nicht gefährlich. Erkundigen Sie sich vorher noch einmal bei einem Reisebüro in Baños; denn bei Mama Tungurahua weiß man nie.

**Geheimtipps:**

Kaum ein Reisender wird sich nach **Pillaro** begeben. Pillaro, ein Städtchen ca. 20 Kilometer östlich von Ambato, mit einer Kirche, die wie eine Badeanstalt aussieht und einem schmuddeligen Hotel für weniger als zehn Dollar, ein Städtchen, in dem die Zeit vor hundert Jahren stehen geblieben ist – wären da nicht die Ampel und das Internet-Café für die Dorfjugend. In Pillaro wird noch Poncho getragen, und in den ledergegerbten Gesichtern der Indígena-Frauen liegt die Schwermut der Anden. Unser Ausflug geht weiter die gepflasterte Straße hinauf gen Osten in die geheimnisumwitterten Berge der **Llan-**

**ganati**. An der Laguna Pisayambo kann – wer will – die Wirklichkeit der Legende vom **Schatz des Atahualpa** erspüren. Der Inkageneral Rumiñawi soll nach dem gewaltsamen Tod des letzten Inkas sagenhafte 750.000 Kilo Gold in den völlig unzugänglichen Llanganati versteckt haben. Wer nicht daran glaubt, sei gesagt, dass es sogar einen historisch verbürgten Wegweiser zu dem Inkagold gibt, den „Derrotero de Valverde." Ich habe mich auf einer kleinen Expedition selbst davon überzeugt, dass der Derrotero auf den ersten zwei Etappen absolut zuverlässig ist. Doch dann?... Oder könnte gar jene einzigartige, unwirkliche Páramo-Landschaft mit Dutzenden von verwunschenen Berglagunen der eigentliche Schatz sein? Gehen Sie von dem Stausee Pisayambo weiter auf das dunkle Llanganati-Massiv zu, bis die Straße und dann auch der Weg sich im feuchten Grasland verlieren. Kehren Sie um, sobald das sumpfige Gelände Ihnen Angst macht!!!

Die authentische Geschichte von der Suche nach dem Schatz des Atahualpa ist übrigens sehr spannend, mit viel Lokalkolorit und auch ein paar heftigen Andenklischees in dem Roman „Schweiß der Sonne, Tränen des Mondes" von Peter Lourie erzählt (siehe Schlaglicht „Bücher über Ecuador"). Das Buch enthält den Wegweiser zu dem vergrabenen Gold und macht richtig Laune auf Schatzsuche.

**Kuriositäten:**

Baños ist einer der bedeutendsten Wallfahrtsorte Ecuadors; in der Basilika sind auf

*Basilika in Baños*

dramatisch bunten Gemälden eine Vielzahl von Wundern dokumentiert, die die Jungfrau des Heiligen Wassers vollbracht hat. Und wenn in der Liturgie das Ave Maria an der Reihe ist, blinkt der Titel des feierlichen Liedes in einer St. Pauli-roten **Leuchtreklame über dem Altar**; die Jungfrau ist von violetten Neonröhren eingerahmt. Noch mehr Klimbim gefällig? Willkommen im **skurrilen Kirchenmuseum** nebenan: der fromme Kitsch ist schlimm, die ausgestopften Tiere sind von Motten zerfressen, und aus der Vitrine grinst ein echter Schrumpfkopf.

In Baños können Sie Menschen beobachten, die eine schwere, klebrige Masse um einen Eisenhaken an der Hauswand schlagen und

wie Gummi immer wieder in die Länge ziehen. Das wundersame Zeug heißt **Alfeñique**; manche nennen es Melcocha. Es ist ein Zuckerteig, aus dem die megasüßen Süßwaren der Gegend hergestellt werden.

*Alfeñique, oder die Entstehung eines Bonbons*

**Pequeño Paraíso**
08-4614867
www.hostel-banos-
pequenoparaiso.com
pequenoparaiso2000@yahoo.de

**Hotel Palace**
03-2740470
hotelpalace@hotmail.com

**Hotel Isla de Baños**
03-2740609
islabanos@andinanet.net

# 10. Schlaglicht
## Amazonien

*Lagune im Cuyabeno-Naturschutzgebiet*

**Highlights:**

Besuchen Sie den ecuadorianischen **Regenwald, solange er noch steht**. Erdölkonzerne, Holzfirmen und emsige Siedler sorgen mit einem schier atemberaubendem Kahlschlag dafür, dass die nächste Touristengeneration dieses Highlight der Natur wohl nicht mehr erleben kann.

Ein besonders beeindruckendes Urwalderlebnis erwartet Sie an den Lagunen des **Cuyabeno-Naturschutzgebietes**, wo unzählige, knorrige Bäume aus dem Wasser ragen. Ihre Stämme haben sich irgendwann in ihrer Entwicklungsgeschichte daran gewöhnt, mindestens zehn Monate eines jeden Jahres unter Wasser zu sein. Wie zum

Trotz werfen sie groteske Schatten auf den in der Nachmittagsonne glänzenden See. Eine wundersame, fast unwirkliche Welt. Die Sonnenuntergänge in der großen Laguna von Cuyabeno sind die schönsten, buntesten, außergewöhnlichsten, die ich jemals gesehen habe. Kein noch so perfekt inszeniertes Dschungelbuch könnte die melancholisch changierenden Farbspiele jemals so hinkriegen. Naturschützer/innen werden sehen und spüren, dass weite Teile des Cuyabeno-Gebietes noch Primärwald sind. Umso trauriger, dass einige der Lagunen im Jahre 2006 durch einen Unfall der Erdölförderung verseucht wurden. Die **Cuyabeno-Lodge** kombiniert die Top-Lage direkt an der unbeeinträchtigten, großen Lagune mit wenig Mücken und sogar ein bisschen Dschungel-Schick (4-Tages-Trip ab Lago Agrio ca. 350 US$ pro Person).

**Tipps:**

Die **Fahrt von Papallacta** über Baeza **nach Lago Agrio** ist ein Landschaftserlebnis allererster Sahne. Nach nunmehr fast 40 Jahren Erdölförderung wurde die Straße endlich durchgehend asphaltiert. So kann man heute die atemberaubenden Ausblicke entspannt genießen, ohne von Schlaglöchern und Pistenstaub malträtiert zu werden. Aus den immergrünen Tälern hinter Quito geht es hoch in die karge Hochgebirgssteppe des Páramos, vorbei an tiefschwarzen Felsspitzen, hinter denen mit ein bisschen Wetterglück schneeweiß in der Sonne gleißende Vulkangipfel aufragen. Bald schlängelt sich der Weg hinab in grandiose Schluchten; von steilen Wänden sausen schmale, unendlich lange Sturzbäche in die Tiefe. Bizarr bemooste Bäume tragen schwer an den Bromelien, die sich auf ihnen festgesetzt haben wie Kletten an der Hose eines müden Wanderers. Immer wieder säumen Erdölleitungen den Wegesrand. Neben ihnen liegen zufrieden müffelnde Kühe im Gras; mit der Gnade des begrenzten Tierverstandes bleibt ihnen verborgen, dass die Rohre immer mal wieder brechen und alles vergiften, was gerade noch grün und saftig war. Wiesen, Büsche und Bäume leuchten in hellem Grün, dahinter schimmern nebelverhangene Berge in fast weihnachtlichem Tannengrün. Dann wieder ein kleines Dorf,

Holzverschläge, halbfertige Häuschen aus Zement und Beton, Plastikplanen und eine Pumpstation für das Erdöl. Auf einem unordentlichen Bambuszaun steht in roten Lettern Nightclub; ein Stück weiter ein Schild mit der Aufschrift Ökotourismus. Bald hat der Fluss ein breites Tal gefunden, in dem er silbrig glänzt und nach Herzenslust mäandern kann. Über den Hügeln am Horizont schiebt sich eine pechschwarze Regenwolke vor eine andere Wolke, die in schönstem Blütenweiß erstrahlt; der Himmel sieht plötzlich aus wie die dramatische Kulisse einer Oper von Wagner.

Nach und nach geht der Amazonaswald in eine fast vollständig bewirtschaftete Fläche über; links und rechts der Straße reihen sich beackerte Parzellen aneinander, auf denen Bananenstauden, Obstbäume, Palmen, Kaffeesträucher, Pfefferschoten und Gemüse wachsen. Wir kommen nach **Lago Agrio**. Wer vor zehn Jahren einmal hier war, wird das Städtchen kaum wieder erkennen. Damals holperte man über die unansehnlichen Dreckpisten eines von der Erdölförderung verdorbenen, kriminellen Kaffs und hat vermutlich sogleich wieder das Weite gesucht. Heute lädt die freundliche Avenida Quito mit ihren Geschäften und dem einen oder anderen Straßencafé zum Flanieren ein. Vor dem mit japanisch angehauchten Brückchen und bunten Blumen geschmückten Zentralplatz entsteht ein geschmackvolles Gotteshaus, das gar nicht einmal zu unrecht den stolzen Namen La Catedral tragen wird. Trotz all der guten, neuen Mär sei nach wie vor davor gewarnt, in Lago Agrio nachts durch die Gegend zu streunen.

Aufgrund der Nähe zum bürgerkriegsgeplagten Kolumbien und hoher Kriminalität war die gesamte **Provinz Sucumbios** (einschließlich Cuyabeno) lange Zeit als Reiseziel problematisch. In den letzten Jahren hat sich die Lage deutlich entspannt; gleichwohl ist es ratsam, sich nur auf den großen Überlandstraßen zu bewegen und/oder sich den Trip von einem guten Reisebüro organisieren zu lassen.

5-Sterne-Dschungel bieten die **Edel-Öko-Lodges Sacha** und **La Selva** am Rio Napo. Da gibt es Haute Cuisine im Primärwald, in Naturbauweise gestaltete Nobelhütten mit Heißwasserduschen, gemütliche

Bioklos, und beim organisierten Nacht-trip einen Blick in die glühend roten Augen gefährlicher Kaima-ne. In der edlen **Kapawi Ecolodge** am unteren Rio Pastaza hat man ein hoch spannendes, interkulturelles Experiment

*Mutter Kaiman*

vom Stapel laufen lassen: Über zehn Jahre lang hatte ein Touristikunternehmen die Lodge gemanaged. Die ortsansässigen Achuar-Indígenas wurden in Hotellerie, Touristen-fester Küche, neuweltlicher Buchführung und Betreiben einer eigenen Urwaldfluglinie ausgebildet. Vor einem Jahr nun haben die Achuar die Kapawi-Lodge übernommen – und dem Vernehmen nach funktioniert es. Ähnlich operiert die Lodge des **Napo Wildlife Center** im Nationalpark Yasuni am Rio Napo. Hier haben Mitglieder der Kichwa-Gemeinde Añangu das Management-Ruder übernommen. Besonderer Clou ist hier, dass die Kanus in der Umgebung vom Napo Wildlife Center keine Außenbordmotoren verwenden dürfen. Die himmliche Stille gefällt auch vielen Urwaldtieren, die folglich von dieser Lodge aus besonders gut beobachtet werden können. Für einen 4-Tages-Trip in eine der Edellodgen müssen Sie mit 1000 US$ pro Person rechnen.

**Tena** in der Provinz Napo ist Hotspot für Rafting, Kajak und sonstige Aktivitäten im **Wildwasser**. Es ist aber auch ein nettes Urwaldstädtchen mit angenehmem Tropenflair. Setzen Sie sich einfach mal in das Café Restaurant **Chuquitos** oder eine der Bambusbars nebenan und schauen auf den beschaulich durch die Gegend fließenden Rio Tena. Es muss ja nicht immer Abenteuer sein. Da es im Zentrum von Tena kein wirklich schönes Hotel gibt, empfehle ich das **Hostal Limoncocha** des deutschen Michael Welchinger, etwa einen halben Kilometer südlich der Stadt auf einem Hügel. Preisgünstig (Doppelzimmer unter 20 US$), gut geführt und mit einem Panoramablick über Tena. Oder absolut Amazonas-authentisch der **Establo de Tomás**: vier Kilometer am Flughafen vorbei in Richtung Muyuna und dann links über eine wacklig pittoreske Hängebrücke. Romantische Dschungel-Bungalows an einem plätschernden Bach mit optimalem Preis-Leistungs-Verhältnis, liebevoll aufmerksamem Service, abwechslungsreicher Küche und kommunikativen Hauspapageien (Doppelzimmer ca. 20 US$).

Immer noch einen Besuch wert: **Misahuallí**, der ecuadorianische Regenwaldklassiker am fotogenen Zusammenfluss von Rio Napo und Rio Misahuallí. Am Ufer planschen fröhliche Indígena-Kinder. Um den hübschen Dorfplatz herum sorgen nette Hotels und Restaurants für Atmosphäre. Es gibt auch zwei oder drei Reisebüros, über die man alle möglichen Kanu-, Wald-, und Gummistiefeltouren einschließlich Besuchen bei Schamanen und indigenen Gemeinden buchen kann. Gerne kommen die in der Gegend heimischen Kapuzineräffchen zu Ihnen. Die Kerlchen sind putzig, so richtig zum Knuddeln. Doch Wachsamkeit ist geboten; denn sie klauen alles, was nicht niet- und nagelfest ist, am liebsten Essbares, aber auch Fotoapparate, Lippenstifte, ja sogar Geld.

Empfehlenswert, preisgünstig und direkt am Rio Napo ist die rustikale **Liana Lodge** der deutschen Naturschützerin Angelika Reimann (ca. 100 US$ pro Person für 2 Übernachtungen einschließlich Verpflegung und Ausflügen). Leider, leider hat man dieser stimmungsvollen, an der Straße von Puerto Napo nach Santa Rosa gelegenen Herberge eine Erdölleitung vor die Tür gelegt. Zur Liana Lodge gehört der **amaZoonico**, ein Refugium für gestrandete Urwaldtiere, die dort gepflegt und – wenn möglich – wieder ausgewildert werden. Da gibt es pelzige Wollaffen mit uralten Gesichtern, kreischende Papageien, träge Kaimane und einen fetten Tapir, den Elefanten des Urwalds mit der Rüsselnase. Und kennen Sie schon den Capibara? Der knuffige Kerl ist das größte Nagetier der Welt und mit seinem intelligenten Vorbiss sieht er auch so aus. Dem Vernehmen nach sind alle Tiere sehr zufrieden mit ihrer Unterkunft. Ein rundum sympathisches Projekt; absolut sehenswert!

Ganz in der Nähe liegt die **Casa del Suizo**, ein Hotel der Oberklasse, mit Swimming-Pool und schöner Aussicht über den in seinem breiten Flussbett schimmernden Rio Napo. Dahinter ein Regenwald, der auch Tarzan und Jane gefallen würde; wirklich Fachkundigen würde allerdings auffallen, dass das alles kein Primärwald mehr ist. Die Casa del Suizo (ca. 90 US$ pro Person, Mahlzeiten und Ausflüge inbegriffen) bietet Touren über die Flüsse und in den dampfenden Dschungel, zum amaZoonico und bei Bedarf zu einem traditionellen Heiler.

Am Dschungelwanderweg „Paseo Turístico del Río Puyo" am Stadtrand von Puyo liegt das nur über eine romantische Hängebrücke erreichbare **Hostal El Jardín**, eine freundliche Unterkunft mit tropischem Garten und authentischem Urwaldambiente (Doppelzimmer ca. 40 US$). Gleich nebenan finden Sie **Omaere**, einen vielseitigen ethnobotanischen Garten mit Heilkräutern, Nachbauten von Häusern verschiedener indigener Völker, ein paar Urwaldtieren und einer Ent-

*Das größte Nagetier der Welt: der Capibara*

wicklungsabteilung für regenwaldtaugliche Trockenklos. **Fátima** heißt ein interessanter Tierpark, der ein paar Kilometer außerhalb von Puyo in Richtung Tena liegt. Hier leben sogar Jaguare, Pumas und Ozelots, die übrigens viel, viel penetranter riechen als die Mäntel, die man Gott sei Dank nicht mehr aus ihnen machen darf.

Ein Besuch in einem der abgelegenen **Dörfer im Dschungel** ist bestimmt kein Fehler, solange man keine romantischen Vorstellungen von einer „Indianeridylle" mitbringt. Denn heutzutage ist es deutlich schwieriger, einen Indigenen mit exotischer Körperbemalung und bunten Federn auf dem Kopf anzutreffen, als einen Bayern mit Lederhose im Ammergau. Fortschritt und Globalisierung haben auch dazu geführt, dass die von vielen indigenen Gruppen früher gern getragenen, schönen Gewänder längst T-Shirts, C&A-Hosen und den allseits beliebten Badelatschen gewichen sind.

## Geheimtipps:

Vor vielen Jahren lebte eine Vielzahl präinkaischer Völker in den Regenwäldern Ecuadors. Im **Kapuzinerkloster bei Pompeya** am unteren Rio Napo gibt es ein Museum mit einer umfangreichen und **imposanten Sammlung archäologischer Funde**. Die dort lebenden Geistlichen haben mehr als 25 Jahre lang bemalte Teller, Figuren mit seltsamen Gesichtern und dickbauchige Krüge mit krummen Beinen und absonderlichen Köpfen aus der Umgebung zusammengetragen. Interessant ist auch der Buchladen des Klosters. Sie finden eine Reihe spannender Bücher über die Geschicke der grobschlächtigen Huaorani-Indígenas; natürlich auch die tragische Geschichte des Bischofs Alejandro Labaca, der die Huaoranis liebte, ihre urwüchsige Kultur verstand und dennoch von ihnen unter mysteriösen Umständen am 21. Juli 1987 mit gewaltigen Lanzen aufgespießt wurde.

Sensible Reisende merken es sofort. Die Atmosphäre in der vom Erdölgeschäft (noch) unbeleckten **Provinz Morona Santiago** ist eine andere. Nebenwirkungen der Moderne wie Kriminalität, Nepp und Umweltzerstörung sind viel weniger zu beobachten. Die Menschen sind zumeist nett und begegnen Ihnen ohne Hintergedanken. Und zu sehen und zu erleben gibt es satt und genug: verträumte Lagunen, in der Sonne glitzernde, geheiligte Wasserfälle, kaum berührter Regenwald und huschende Fledermäuse, die einem bei der Erkundung einer der vielen, mythenumwitterten Höhlen um die Ohren flattern. Wer lieber mit einem Schamanen auf die Suche nach halluzinogenen Kräutern gehen möchte, kann auch dies tun. Zum Reiz des Ursprünglichen gehört allerdings, dass es in der ganzen Provinz keine Hotels gibt, die über der Neckermann-Kategorie „zweckmäßig" liegen.

*Im Urwald*

In Morona Santiago hat mir ganz besonders **Mendez** gefallen, ein friedliches Städtchen mit Fluss und Flair und Kolonialbauten aus Holz; mit ein paar einfachen Hotels, sogar einem Café und einer Touristeninformation bei der Stadtverwaltung, die ausgezeichnet berät. Dort gibt es Prospekte und Landkarten über die diversen Sehenswürdigkeiten, Seen und Katarakten; unter verschiedenen Tropfsteinhöhlen kann man sich am Computerbildschirm die geheimnisvollste für einen Besuch aussuchen. Leicht zugänglich ist die sehenswerte und mit einem unterirdischen Fluss ausgestattete **Höhle** bei dem Städtchen **Logroño**. Fragen Sie nach dem Besitzer Don Mario. Ganz nett ist auch **Limon**. So wie die friedliche Ortschaft da in ihrem Flusstal liegt, erinnert sie mit ein bisschen Phantasie an ein kleines Dorf an der Mosel, ein paar Dekaden zurück und ohne Weinberge. Einfache Unterkünfte und Gar-küchen sind vorhanden. **Macas** ist dagegen schon eine richtig moderne Stadt mit vielen Autos, einer Ampel und einer farbenfrohen Kirche mit originellen Wandmalereien. Von dort hat man einen schönen Blick über das Upano-Tal.

Von Mendez nach Cuenca führt eine **traumhafte Bergstraße**, die faszinierende Ausblicke in die raue Andenwelt und von oben auf den Regenwald eröffnet. Auf der anderen Seite der Kordillere liegt smaragdgrün in die Landschaft gemalt der mächtige Stausee von Paute. Sein Kraftwerk liefert fast die Hälfte der Elektrizität ganz Ecuadors.

**Kuriositäten:**

Die ehemalige Missionsstation Archidona mit seiner in den fröhlichsten Farben angepinselten Kirche ist eine der ältesten spanischen Ansiedlungen im ecuadorianischen Amazonasgebiet überhaupt. Ein paar Kilometer südlich des Ortes findet sich ein angeschimmelter Ferien-Freizeitkomplex mit einer bunten Wasserrutsche. Wer würde vermuten, dass sich dahinter ein weitläufiger Höhlenkomplex verbirgt? Doch so ist es. Der Eingang der **Cueva de Jumandy** ist sogar ein paar Meter weit beleuchtet. Danach braucht man einen der dort präsenten einheimischen Führer, um sich in den feuchten, verschachtelten Fledermausstollen zurecht zu finden. Jumandy war übrigens ein Nachfahre der Inka und hat sich in diesen Höhlen vor den Spaniern versteckt; sein leicht kitschiges Denkmal steht am Ortseingang von Tena.

Im Jahre 1971 erschien das umstrittene Buch **„Aussaat und Kosmos"**; Erich von Däniken eröffnete der erstaunten Leserschaft, dass die Außerirdischen in der riesigen, von wilden Indianern bewachten **Cueva de los Tayos** in der Provinz Morona Santiago eine geheimnisvolle Metallbibliothek hinterlassen haben. Die gewaltige Höhle, in die ein Raumschiff passen soll, gibt es tatsächlich. Sie liegt ein paar Kilometer östlich des Rio Coangos und ist nach Ölvögeln (Tayos) benannt, die wegen ihres Fettes gerne von den Indígenas getötet werden. Ob auch Däniken und/oder **die Außerirdischen** dort waren, ist schwer abzuschätzen. Gefunden haben seriöse Forscher in der mysteriösen Kaverne jedenfalls nichts. Die Höhle kann von der Ortschaft Santiago aus mit ortskundigen Führern be-sucht werden. Kein Trip für Leute, die nicht schwindelfrei sind; denn man muss sich mehr als 50 Meter senkrecht abseilen.

Zwischen Mera und Puyo gibt es ein Straßendorf mit einem Buschflughafen, welches den Namen **Shell** trägt. Und es ist tatsächlich nach der Firma Shell benannt, die in den 1930er Jahren von hier aus die ersten Erdölexplorationen startete, sich damals aber erst einmal blutige Nasen bei den in den Wäldern lebenden Huaorani-Indígenas holte.

Das **Hotel Gran Colombia** in Lago Agrio würde sich gut in einem Satirefilm über Neureiche in Südamerika machen: Bunte Las Vegas-Fassade und voll verkachelte Flure, dazu Tropenholztüren mit Fabel-tierköpfen und Zimmereinrichtungen im Gelsenkirchener Barock; im kahlen Innenhof belagern schwere Geländewagen die Rezeption. Mit diesem Hotel machen Sie indes keinen Fehler; es ist sauber und besser als ein wirklich schlechtes Hotel (Doppelzimmer ca. 30 US$). Etwas

*Auf dem Weg nach Lago Agrio*

gefälliger und nicht so seltsam ist das **Hotel D'Mario** gleich nebenan auf der Avenida Quito 236 (Doppelzimmer ca. 35 US$). Das D'Mario hat übrigens ein recht gutes Restaurant mit einer netten Straßen-terrasse.

**Cuyabeno Lodge**
02-2521212
09-9803395
www.cuyabenolodge.com
info@neotropicturis.com

**Sacha Lodge**
02-2566090
02-2509504
www.sachalodge.com
info@sachalodge.com

**La Selva Lodge**
02-2545425
02-2550995
www.laselvajunglelodge.com
info@laselvajunglelodge.com

**Kapawi Ecolodge**
02-6009333
www.kapawi.com
info@kapawi.com

**Napo Wildlife Center**
02-6005893
09-2750088
www.napowildlifecenter.com

**Hostal Limoncocha**
06-2887583
limoncocha@andinanet.net

**El Establo de Tomás**
06 2886318
www.tomas-lodge.com
tomaslodge@andinanet.net

**Liana Lodge**
09-9800463
www.lianalodge.ec
lianalodge@gmail.com

**Casa del Suizo**
02-2566090
02-2509115
www.casadelsuizo.com
info@lacasadelsuizo.com

**Hostal El Jardín**
03-2887 770
www.eljardinhostal.com

**Hotel Gran Colombia**
06-2830601
06-2831032

**Hotel D'Mario**
06-2830527
08-9697649
www.hoteldmario.com
info@hoteldmario.com

# 11. Schlaglicht
## Küste

*Die Seele baumeln lassen in Jambelí …*

**Highlights:**

Um so paradiesische Tropenstrände wie in Kuba und so schicke Hotels wie in Mallorca zu finden, da muss man in Ecuador etwas suchen. Auch das liebe Wetter macht an den südlicheren Stränden hauptsächlich in der zweiten Jahreshälfte wegen des kühlen Humboldtstroms längst nicht immer mit. Zwischen Mitte Juni und Mitte September indes ist Highlight-Zeit an der ecuadorianischen Küste. Dann kommen nämlich riesige **Buckelwale** und kreuzen im Meer vor allem in der Nähe von Puerto López im Süden der Provinz Manabí; Zweck ihrer Schwimmübungen im Küstengewässer ist die Paarung. Die Beobachtung der mehr als 15 Meter langen und 40

Tonnen schweren Säugetiere von einem kleinen Boot aus ist fürwahr ein einmaliges Erlebnis. Allein ihre schneeweißen Flossen sind bis zu vier Meter lang. Und wer nun schon einmal auf dem Boot ist, der sollte gleich zur **Isla de la Plata** weiterfahren. Auf der attraktiven Westentaschen-Version von Galápagos gibt es die putzigen Blaufuß- und sonstigen Tölpel, Fregattvögel, mit ein bisschen Glück sogar Seelöwen und Albatrosse zu sehen.

**Tipps:**

Bei dem Städtchen Alamor etwa 100 Kilometer südlich von Machala liegt der **versteinerte Wald** von **Puyango**. Durch geologische, klimatische und landschaftliche Veränderungen sind viele tausend Jahre alte Bäume zu Stein geworden und liegen hier nun einfach im Wald herum, Seite an Seite mit ihren lebenden Nachkommen. Die seltenen Formationen erstrecken sich über fast 30 Quadratkilometer und gehören damit zu den drei größten Funden dieser Art weltweit. Für Fred Feuerstein und für Paläontologen ein Muss, als touristische Attraktion eher unspektakulär. Wer einfach mal schauen möchte, wie so ein versteinerter Baum aussieht, kann auch in das Museum von Magner Turner in Portovelo (siehe 8. Schlaglicht „Zaruma und Umgebung") gehen.

**Guayaquil** ist längst nicht mehr die grässliche Hafenstadt vergangener Tage. Heute gibt es eine recht attraktiv gestaltete Uferpromenade (Malecón) und am nördlichen Ende derselben das in vielen Pastellfarben restaurierte Künstlerviertel Las Peñas mit hübschen Kneipen und Restaurants. Eine gepflegte Unterkunft mit hübschem Pool und Stil ist das an der Rückseite der Kathedrale von Guayaquil gelegene Gran Hotel Guayaquil. Es ist nicht ganz billig (Doppelzimmer ca. 150 US$) doch es liegt im Herzen der Metropole und wird seinem exquisiten Namen durchaus gerecht.

Der aus Brettern zusammengehauene Ferienort **Montañita** im Norden der Provinz Guayas hat Charme. Es gibt einen schönen Strand, haufenweise Kneipen, Discos, Hotels und Restaurants bis zum Abwinken, esoterische Vegetarier, Mondanbeter, Musikanten, Surfer, Aussteiger und Gaukler; eine durchaus attraktive Mischung aus preisgünstigem Strandbad und postmodernem Woodstock.

Die gemütliche **Hostería La Terraza** in Puerto López steht unter deutscher Leitung und hat eine sehr schöne Aussicht von einem Hügel über die Stadt (Doppelzimmer 40 US$). Unten im Ort und gleich am Strand liegt die **Hostería Mandala** mit ihrem tropischen Paradiesgarten (Doppelzimmer 40 US$). Für das Abendessen in Puerto López spielt das **Bella Italia** des sympathischen Restaurantmeisters Don Vittorio und seiner Frau Helena die erste Geige; von der Hauptstrasse an dem kleinen Kanal in Richtung Strand und dann rechts.

Etwas südlich von Puerto López, an einem langen Strandabschnitt liegt der Ökohotelkomplex **Alandaluz**. Die Anlage bietet fast alles, was das Herz des ökologisch korrekten Urlaubers begehrt: extravagante und komfortable Zimmer in Naturbauweise mit Strohdächern und Bioklos, dahinter ein großer und für hiesige Verhältnisse auch recht gepflegter Strand (Doppelzimmer ab 31 US$).

**Guesthaus Punta Prieta**, ungefähr 75 Kilometer nördlich der Hafenstadt Manta und 36 Kilometer südlich von Pedernales, das ist ein romantischer Traum für 50-70 US$ das Doppelzimmer. Wie die Vorlage für einen Kursus in sentimentaler Landschaftsmalerei liegt die kleine Pension hoch über dem rauschenden Meer auf einer steilen Klippe. Auf den Felsen sitzen bunte Leguane und eine echte Galápagos-Schildkröte, die ziemlich prähistorisch aus ihrem Panzer auf den Ozean guckt.

Wie in längst vergessenen Zeiten liegt in einer traumschönen Bucht ganz im Süden der Provinz Esmeraldas das verschlafene Fischerdorf **Mompiche**. Samtweicher Strand, Palmen und neuerdings ein paar einfache Hotels; sonst tote Hose, in die allerdings so langsam touristische Bewegung kommt. Im Süden zeigt sich schon drohend am Horizont ein hermetisch von der Umwelt abgeschlossener Riesen-Beton-Hotel-Komplex. Mompiche könnte mal ein Großurlaubsort werden, doch noch döst es idyllisch vor sich hin; ein kleines Paradies für Verliebte und Ballermann-Gegner. Eine nette Unterkunft am Nordende der

*Palmenromantik in Mompiche*

Bucht ist die rustikal auf ihren Stelzen ruhende Hostería Gabeal (ab 15 US$ pro Person).

Sonne, Strand, eine gute Unterkunft und sonst nur Ruhe. Diese Entspannung-pur-Kombination gibt es an der **Playa Escondida**, dem „versteckten Strand", ein paar Kilometer südlich von Same; zur Übernachtung bietet sich die geräumige **Casa Wantara** an, ein geschmackvoller Bungalow auf einem Hügel direkt an der Bucht (ca. 70 US$). Außerdem gibt es an der Playa Escondida noch eine Einfachunterkunft nebst kleinem Restaurant. Einen Spaziergang weiter südlich liegt die malerische Cumilinche-Bucht mit einer kuscheligen Club-Anlage, zu der auch ein hübsches Restaurant gehört (Doppelzimmer ab 60 US$).

Ein Guide Michelin-reifes Restaurant gibt es an der ecuadorianischen Küste auch: das **Seaflower in Same**, südlich von Esmeraldas. Nicht sehr Geldbeutel-freundlich! Passend zum Dinner kann man in der blütenweißen Casa Blanca-Ferienanlage übernachten, die sogar über einen Golfplatz verfügt (Doppelzimmer ca. 100 US$).

Nördlich der großen Hafenstadt Esmeraldas geht alles noch etwas urwüchsiger zu. Die schimmelige Bretterstadt **Burbón** und ihre Umgebung sind eine gute Adresse für äußerst widerstandsfähige Traveller, die auch ein Moskitonetz dabei haben. Die Dschungelfilm-Atmosphäre am Ufer des Rio Cayapas oder der Blick vom Friedhofshügel über modrige Kreuze und verrostete Blechdächer auf den schier endlosen, immergrünen Regenwald sind schon etwas Besonderes. Von Burbón aus kann man die aus dem Wasser wachsenden **Mangrovenwälder bei La Tolita** und eine bedeutsame, aber leider fast völlig ausgeplünderte Ausgrabungsstätte besichtigen. Oder wagen Sie sich über die **Flüsse Cayapas und Onzole** tief in den Urwald zu den Dörfern der Chachi-Indígenas (San Miguel, Playa de Oro) oder der Afroecuadorianer (Arenales). Es gibt sogar hier und dort ein paar Hütten zum Übernachten, die aber zum Teil mangels Andrang schon wieder halb verfallen sind. Auf dem Fluss verkehren Kanus, doch organisiert ist nichts; Sie brauchen Geduld und besondere Tropentauglichkeit.

Auch **auf dem Weg zur Küste** gibt es eine Reihe von spannenden Dingen. Die Hauptverbindungsstraße führt ca. 35 Kilometer südlich von Quito in dem zum Autobahndreieck mutierten Straßendorf Aloag rechts ab über Santo Domingo. Es geht von den kühlen Anden über eine steile Passstraße schon bald immer weiter bergab ins schwüle Flachland; atemberaubende Blicke in eine tief in die Berge geschnittene Schlucht, aber auch ein höllischer Verkehr. Kurz hinter dem nichtssagenden Dorf Tandapi ist auf der linken Seite ein riesiges **Teufelsgesicht** in den Fels gehauen. Der hakennasige Mephisto soll jedoch nicht an die vielen Verkehrstoten auf dieser Straße, sondern an die früheren Militärdiktaturen Ecuadors erinnern. Ein Stück weiter die Ortschaft Alluriquín, nach eigenem Bekunden das **„süßeste Dorf Ecuadors"**. Genau wie in Baños (vgl. Schlaglicht „Tungurahua") ziehen auch hier am Straßenrand starke Männer die Zuckermasse „Alfeñique" in die Länge und machen dann plombenziehende Riesenbonbons daraus. Die schimmelig aufstrebende Stadt **Santo Domingo de los Tsachilas** ist vom touristischen Standpunkt eher ein Fall für die Abrissbirne; sind doch selbst die Tsachila-Indígenas, die man früher Colorados nannte längst aus dem Stadtbild verschwunden. Doch es gibt sie noch, sie, nach denen die Stadt einst benannt wurde mit ihren außergewöhnlichen, Achiote-gefärbten „Helmfrisuren" und ihren **schamanischen Heilkünsten**. Sie finden ihre seriösen Arzt- und Geisterpraxen auf der Straße von Santo Domingo nach Quevedo.

In den 1930er Jahren hat die gebürtige Russin Tina Luschkoff etwa 15 Kilometer vor Santo Domingo ein mondänes Ferienparadies errichtet. Damals lag das Hotel „in the middle of nowhere"; denn die Straße von Quito nach Santo Domingo war nicht mehr als ein Feldweg. Bald schon wurde das exklusive Refugium um einen Golfplatz bereichert, und die High Society schlug den in den Bäumen staunenden Urwaldpapageien die Bälle um die Ohren. **Tinalandia** war geboren und wurde von seiner Namensgeberin bis zu deren Tod im Jahre 1996 mit viel Erfolg selbst geführt. Danach konnte die aufwendige Anlage nur noch begrenzt gepflegt werden. Heute grasen schwarz weiß gefleckte Kühe auf den stillgelegten Golfbahnen vor dem bemoosten Clubhaus. Vieles ist von den Zähnen der Zeit und des Holzwurms angenagt; doch es gibt noch einige sehr gepflegte und mit flauschigen Teppichen ausgelegte Luxusbungalows aus edlem Tropenholz. Unten im Tal donnert der Schwerverkehr über die vielbefahrene Straße und hinter dem Clubhaus krakelen die Vögel in einem megadiversen Schutzgebiet.

Auch etliche **Nebenstrecken zur Küste** haben ihren Reiz. **An die nördlicheren Strände von Esmeraldas** gelangen Sie am besten auf der gut ausgebauten Straße vorbei am Äquatordenkmal von Mitad del Mundo, dem Krater Pululahua, dem Ökodorf Mindo über Nanegalito und Pedro Vincente Maldonado. **Zur südlichen Küste** gibt es gleich zwei spannende Alternativrouten: In Latacunga rechts ab über Pujilí, Tigua, Zumbahua, La Maná und Quevedo. Auf dieser landschaftlich grandiosen Holperstraße durch einsamste Gebiete bietet sich ein Abstecher nach Quilotoa, der schönsten Lagune ganz Ecuadors an (siehe 6. Schlaglicht „Die Straße der Vulkane"). Oder fahren Sie hinter Ambato rechts ab und an der Westflanke des majestätischen Chimborazo entlang über Guaranda nach Babahoyo. Auch auf dieser Strecke geht es durch ein indigenes, melancholisches Gebiet, in dem auch heute die Zeit noch stehen geblieben ist.

## Geheimtipps:

Abhängen, Seele in der Hängematte baumeln lassen oder sich tief in die Augen sehen; derweil der rote Sonnenball hinter dem schier unendlichen Strand traumschön im Pazifik versinkt. Das alles geht vorzüglich in der familiär geführten Ferienanlage **El Faro** auf der Mangroveninsel **Jambelí.** Wer bei El Faro gebucht hat, wird vom Hafen in Puerto Bolivar abgeholt und vorbei an dem östlichen, eher auf Remmidemmi und Einheitsrestaurants ausgelegten Strand von Jambelí direkt zu der schönen, einsam gelegenen Anlage gebracht (Doppelzimmer mit Vollpension ab 125 US$).

Wenn man von der Hafenstadt Machala nach Santa Rosa, nach Pasaje oder auch nach Guayaquil fährt, könnte man glatt meinen, Ecuador sei eine Bananenrepublik: Tausende, ja Millionen von Bananenstauden, **alles Banane** soweit das Auge reicht. So ungefähr muss man sich früher in der DDR das Paradies vorgestellt haben. Möchten Sie einmal völlig untouristisch in das Leben einer ecuadorianischen Kleinstadt im Hinterland der Küste eintauchen? Dann ist **Pasaje** keine schlechte Adresse: schwül und stickig, dazu quirlige Geschäftigkeit, gewürzt mit einer herzhaften Prise Unordnung und Schmuddel. Hotel- und Restaurant-Tipps kann ich mir hier schenken.

Dafür gibt es an den Flüssen, die

*Hängebrücke in Galayacu*

um die Stadt herum fließen, urwüchsige Badeanstalten, bei denen in der Woche beschauliche Ruhe herrscht und an den Wochenenden der Planschbär tanzt. Ganz besonders hübsch gelegen ist die Badestelle von La Cocha, etwa 15 Kilometer hinter Pasaje an der Straße nach Cuenca. Das dazugehörige Dorf ist an Werktagen so verpennt, dass selbst die Straßenköter lieber gähnen als bellen. Ein Dorf weiter in **Galayacu** gibt es noch eine der alt hergebrachten und äußerst fotogenen Hängebrücken aus quietschenden Drahtseilen und knarrendem Holz, hier sogar das Luxusmodell mit Dach. Wer weiß, wie lang das gute Stück noch bleiben darf; denn gleich daneben steht seit kurzem eine stabile Neuzeitbrücke aus profanem Beton. Als Stützpunkt zum Eintauchen in diese völlig untouristische Welt Ecuadors empfehle ich die **Hostería San Luis**, ca. 8 Kilometer hinter Pasaje, ebenfalls an der Straße nach Cuenca; seit 1968 in Betrieb und vielleicht nicht gerade ein Kleinod der Hotelerie, aber recht gepflegt und mit einem großen Sportbecken, in dem Sie mit zehn oder zwanzig Bahnen frisch in den Tag starten können (Doppelzimmer 25 US$).

Der Ferienort **Playas** (ca. 70 km südwestlich von Guayaquil) ist ziemlich heruntergekommen und trotz seines kilometerlangen Mega-

*Puerto de Engabao*

breitbandstrands eigentlich gar nicht zu empfehlen. Doch für Historie-Fans finden sich am Strand von Playas imposante, altmodische **Balsaflöße**, die seit präkolumbianischen Zeiten praktisch unverändert gebaut werden. Der eigentliche Geheimtipp ist aber **Puerto de Engabao**, ein etwa 20 km nordwestlich von Playas in die trockene Landschaft gemaltes Fischerdorf. Grobschlächtige Männer und dösende Hunde, kreischende Möwen und geduldige Hühnergeier. Ein kühles Bier an einer gastlichen Bretterbude und gegen 17.00 Uhr wird es spannend auf dem rauen Meer. Mindestens 50 bunt bepinselte Fischerboote laufen ein. Die Schiffchen kämpfen gegen mannshohe Wellen, stehen manchmal fast senkrecht und landen doch sicher am Strand. Der Strand füllt sich mit Heerscharen von Fischern und Händlern; es wird an schweren Tauen gezerrt, geflucht, gehoben, geschoben, geschachert und verkaufter Fisch verladen. Ein herrliches **Spektakel, täglich außer sonntags.**

**Kuriositäten:**

Man höre und staune: in den Bäumen des **Parque Seminar**, dem Hauptplatz der hektisch-lauten Hafenmetropole **Guayaquil** leben **Landleguane**. Der auf den ersten Blick so gar nicht tiergerecht erscheinende Lebensraum scheint den putzigen Jurassic-Park-Viechern aber gut zu bekommen. Galápagos im Großstadtsmog.

Es gibt ein tropisch schwüles Städtchen in der Nähe von Babahoya, das ein kleines bisschen anders ist. **Vinces** war vor 100 Jahren mal das **Paris Ecuadors**. Die eleganten Frauen der reichen Kakaobarone präsentierten die Haut Couture in Vinces. Heute erinnern ein Miniatur-Eiffelturm, ein paar klassizistische Fassaden und Fahrrad-Edelrikschas an die besseren alten Zeiten; einige Herren tragen noch Pánamahut und die geschminkten Dorfschönheiten bewegen sich ein bisschen wie in Paris. Und in dem Örtchen Isla de Bejucal auf der Straße von Vinces nach Babahoyo steht die 200 Jahre alte **Küstenhazienda La Isla**, deren Holzbauteile seinerzeit aus Frankreich herbeigeschafft wurden. Ein in Ecuador einmaliges Gebäude.

Der **Panama-Hut** müsste eigentlich Ecuador-Hut heißen. Die edlen und dennoch wasserdichten Strohhüte werden seit Menschengedenken nicht in Panama, sondern in **Montecristi**, einem kleinen Städtchen bei Manta, geflochten. Zusammengerollt in kleinen Schachteln aus Balsaholz werden die Hüte in die ganze Welt exportiert, je feiner und leichter desto teurer. Ein Besuch in Montecristi lohnt sich; Sie können den Hutmachern bei ihrer kunstvollen Arbeit zusehen, und die Preise sind garantiert günstiger als in London, Paris oder Rom.

Der schrille Ferienort **Atacames** südlich von Esmeraldas ist eigentlich schon kurios genug: die ecuadorianische Variante vom Ballermann mit einer ganzen Armada von Strandbars, die alle die gleichen bunten Cocktails anbieten. Der sympathische deutsche Aussteiger Martin hat noch einen draufgesetzt und an der Promenade das Hotel und Restaurant **Der Alte Fritz** aufgemacht. Man spricht also deutsch, hat recht gute Zimmer (15 US$ pro Person) und für die Gourmets **Currywurst mit Pommes**.

*Am Strand*

**Gran Hotel Guayaquil**
04-2329690
www.grandhotelguayaquil.com
info@grandhotelguayaquil.com

**Hostería La Terraza**
08-8554887
www.laterraza.de
info@laterraza.de

**Hostería Mandala**
05-2300181
www.hosteriamandala.info
info@hosteriamandala.info

**Hostería Alandaluz**
04-2780690
02-2440790
www.alandaluzhosteria.com
info@alandaluzhosteria.com

**Guesthouse Punta Prieta**
09-2259146
02-2862986
www.puntaprieta.com
info@puntaprieta.com

**Hostería Gabeal**
09-9696543
hosteriagabeal@hotmail.com

**Casa Wantara**
02-2374132
09-5036383
wantara@andinanet.net

**Club Cumilinche**
06-2733496
09-9736814
www.cumilincheclub.com.ec
cumilincheclub@hotmail.com

**Casa Blanca, Same**
02-2252077

**Tinalandia**
02-2449028
09-9467741
www.tinalandia.com

**El Faro Resort**
07-2920414
09-4647398
www.elfaro.com.ec
mitsumarket@hotmail.com

**Hostería San Luis**
09-8254274
07-2915904

**Der Alte Fritz**
06-2731610
www.deraltefritz.com
meinhaus@andinanet.net

## 12. Schlaglicht
## Zur Einstimmung auf Galápagos:
Anekdotische Wahrheiten aus einer Welt seltener Tiere

*Albatross*

Spanische Eroberer nannten sie die verzauberten Inseln, unwirtlich, geheimnisvoll und immer wieder in den undurchdringlichen Wolken verschwunden, die Galápagos so oft umgeben. Aus Vulkanen geboren und isoliert, lebensfeindlich und doch voller Lebewesen, die auf dem Archipel ihren Überlebensstil gefunden haben. Hier zeigt die Evolution, was sie kann, und so hat Darwin nach seiner Galápagos-Reise herausgefunden, wie die Arten entstehen und sich weiter entwickeln. Da der Mensch sich lange Zeit aus der Sache herausgehalten hat und auch sonst kaum feindliche Arten in Sicht waren, blieben auf Galápagos Tiere erhalten, die aussehen wie Komparsen aus einem Dinosaurierfilm. Andere wie die Flugunfähigen Kormorane, die

Spottdrosseln oder die Darwin-Finken haben derweil ihre Flügel, Füße und Schnäbel zum Wohlgefallen des Begründers der Artenlehre variiert. So ist eine Reise nach Galápagos nicht nur ein unvergessliches Erlebnis, es ist eine einzigartige Reise in die Welt seltener und seltsamer Tiere, in die Welt der Evolution und in die Welt der Verhaltensforschung. Schauen Sie mal, was sich die verschiedenen Arten im Laufe ihrer Entwicklung so alles haben einfallen lassen:

Die putzigen **Blaufußtölpel** schwingen gern das Tanzbein. Am Äquator ist Damenwahl, und die größten Chancen haben Herren mit bühnenreifen Tanzvogelschritten auf kräftig blauen Füßen; manche Damen allerdings schauen auch auf die Haltung von Schnabel und Flügelspitzen. Nun tauchte auf der Insel Seymour Norte vor nicht langer Zeit ein Tölpel-Herr mit grünen Füßen auf, kräftig grün wie der ausschreitende Ampelmann. Ein Trendsetter? Bisher hat sich noch keine Tölpelin in ihn verliebt. Es könnte sich um vorübergehendes Pech oder um einen untauglichen Versuch oder Evolution handeln. Die Wissenschaft bleibt dran.

Auf der Vogelinsel Genovesa sind rote Füße bei den Tölpeln sehr in. Ganz anders als bei den sinnlichen Blaufüßlern ist diese Schönheit rein und unschuldig; die Füße der **Rotfußtölpel** haben nämlich überhaupt nichts mit Sex zu tun. Wieder anders ist es bei den schicken **Gabelschwanzmöwen** im grauen Federkleide. Sie haben große Freude daran, ihre eigenen Füße zu betrachten; auch hier rätselt die Wissenschaft noch, warum dies wohl so ist.

An den Stränden von Galápagos liegen ganze Kolonien von antriebsarmen **Seelöwen**. Sie grunzen missvergnügt, wenn die Flut über ihre Flossen spült. Nasse Flossen stören beim Sonnenbad. Also robben sie ein Stückchen weiter nach oben, wo der Sand noch trocken ist. Dann wird weiter gedöst, als hätte man im Staat der Seelöwen tausend Jahre tropischen Sozialismus hinter sich. Dabei sind die fotogenen Gesellen durchaus in der Lage, bis zu vierzig Meilen am Tag zu schwimmen – und wenn der Fischfang schlecht läuft, dann tun sie es auch. Es gibt auch Republikflüchtlinge unter den Seelöwen; sie

*Seelöwen beim Sonnenbad*

schwimmen zu einer anderen Insel, finden in der Regel aber dort ähnliche politische Verhältnisse vor.

Die **Fregattvögel** sind beim übrigen Federvieh nicht besonders beliebt. Denn sie haben niemals gelernt, sich ihren Lebensunterhalt auf ehrliche Weise zu verdienen, mit anderen Worten sind sie nicht in der Lage, sich selbst einen Fisch zu fangen. So haben sie sich darauf verlegt, anderen Vögeln die Beute abzujagen. Die Piraten der Lüfte sind so rabiat, dass manch angegriffener Vogel vor lauter Schreck abstürzt und sein Leben lässt. In der Liebe kommt es bei den Fregattvögeln auf einen knallroten und prallen Kehlsack an. Geschmackssache, ähnlich wie Lippenteller, Nasenring oder Arschgeweih – den Fregattvögelinnen jedenfalls gefällt das etwas unförmige Teil.

Böse **Vampirfinken** rotten sich zu kriminellen Vereinigungen zusammen, deren Ziel es ist, anderen Lebewesen das Blut auszusaugen. Die aggressiven Verbände können sogar dem Menschen gefährlich werden.

Die **Landleguane** auf der Insel Seymour Norte sind Immigranten. In den 30er Jahren des vergangenen

*Fregattvogel*

Jahrhunderts wurden sie aus Baltra von einem amerikanischen Wissenschaftler in ihre neue Heimat geschleust. Die Leguane mit dem gelben Kopf sind dem Gringo sehr dankbar; denn nur kurze Zeit später errichteten Landsleute des Wissenschaftlers auf Baltra einen Militärstützpunkt. Dadurch wurde die Insel sehr uncool – jedenfalls für einen Leguan.

Auch der **Homo Sapiens** ist ein Immigrant. Erst im 19. Jahrhundert haben sich dauerhaft fortpflanzungsfähige Gruppen auf den Galápagos Inseln niedergelassen. Doch seit Mitte des letzten Jahrhunderts vermehren die Menschen sich rasant. Aktuell leben knapp 30.000 Leute auf dem Archipel; damit stellen sie nach den Meerechsen und den Rotfußtölpeln die drittgrößte Population der Inselgruppe dar. Zudem benutzen die Menschen Flugzeuge. Dadurch gelangen mehr als 150.000 Touristen pro Jahr auf die Inseln; sie bleiben allerdings deutlich kürzer als andere Zugvögel wie beispielsweise die Albatrosse.

Die Lebensgewohnheiten der **Menschen** unterscheiden sich signifikant von denen anderer Säuger. Durch ihren hohen Ressourcenverbrauch sind die Menschen eine große Herausforderung für das ökologische Gleichgewicht auf Galápagos und auf dem Planeten Erde insgesamt. So bleibt abzuwarten, was die Evolution mit uns noch alles vor hat. Sollte es etwa so sein, dass sich die Gehirne des Homo Sapiens zurückbilden und dass sich stattdessen so praktische Schwimmflossen wie bei den Seelöwen herausbilden? Dies jedenfalls prognostiziert der Schriftsteller Kurt Vonnegut in seinem glänzenden Satireroman „Galápagos".

*Besucher*

**Lavaechsen** sind eher zwergenhaften Wuchs: doch es sind listige Tierchen, die eine verblüffende Winwin-Nummer drauf haben. Werden sie nämlich von einem feindlichen Tier wie der Schlange angegriffen, dann werfen sie blitzschnell ihren Schwanz ab. Der zuckt dann noch eine Weile weiter und wird von der unbedarften Schlange mit Genuss verzehrt. Die Echse selbst lebt weiter. Sie lässt ihren Schwanz mit Darwins zuverlässiger Hilfe nachwachsen, und alle sind zufrieden.

Was den einen plagt, ist des anderen Labsal. In diesem Sinne gehen – auch ganz im Sinne von Darwin – **Leguan und Fink** eine Art Zweckgemeinschaft ein, genau genommen ist es ein Vertrag zulasten Dritter, nämlich der Zecken. Wenn es den Leguan allzu sehr juckt, begibt er sich in eine Art Liegestütz. Der Fink flattert herbei und pickt ihm die leckeren Quälgeister aus den Schuppen.

Das häufigste Galápagos-Tier ist die friedfertige **Meerechse**. Es sind Algen müffelnde, ruhige Vertreter, die keine wirklichen Feinde haben. Wie vorgeschichtliche, kleine Ungeheuer, die auf irgendeiner Entwicklungsstufe der Friedensbewegung beigetreten sind, sitzen sie

oft stundenlang und regungslos auf den tief schwarzen Lavafelsen. Wenn es nicht eh so viele Meerechsen gäbe, könnte man sie glatt durch handelsübliche Gummimonster ersetzen – wahrscheinlich würde es niemand merken.

Die ursprünglich polygamen **Bussarde** leben auf der Insel Española so strikt mono-

*Meerechse*

*Verliebte Albatrosse*

gam, dass der Papst seine helle Freude an ihnen hätte. Doch sie tun es nicht aus moralischen Gründen. Die klugen Vögel haben vielmehr erkannt, dass sie bei der auf Española bestehenden Nahrungsmittelknappheit nicht so viele hungrige Mäuler stopfen können. So hat ihnen die Evolution eine Strategie beschert, auf die die Menschen noch nicht gekommen sind – bei uns werden ja gerade in armen Gegenden die meisten Kinder geboren.

Auch die stolzen **Albatrosse** sind monogam. Sie sind jedoch äußerst moralische Vögel, bei denen die Treue aus innerer Überzeugung kommt. Wenn Albatrosse sich einmal verliebt haben, bleiben sie ein Leben lang zusammen. Dabei gewähren sie sich große persönliche Freiheiten. Einmal im Jahr gibt es einen dreimonatigen Urlaub von der Ehe. In der fischarmen Saure-Gurken-Zeit fliegen sie getrennt gen Süden, dorthin wo der Fisch so reichlich und lecker ist. Und im nächsten Jahr auf Española wird gut erholt Wiedersehen gefeiert. Die Albatrosse erkennen sich allerdings erst beim Liebesspiel wieder. Deshalb gibt es kurz nach Ankunft in Española eine Reihe von Fehlkopulationen, entsprechend viel Theater und Geschrei, vielleicht sogar das eine oder andere gebrochene Albatrossherz.

Kurz vor Schluss noch einmal Vorhang auf für den **Homo Sapiens** aus der Präcomputerwelt: Um 1930 betraten drei Kleingruppen die

Insel Floreana. Heinz Wittmer, der ehemalige Sekretär des späteren Bundeskanzlers Adenauer wollte mit seiner Familie ein bürgerliches Leben in einer Höhle führen. Der zahnlose Zahnarzt Dr. Ritter wollte die Philosophie von Friedrich Nietzsche perfektionieren und teilte sich mit seiner ebenfalls zahnlosen Lebensgefährtin ein Stahlgebiss. Die schicke Baronin Eloise von Wagner kam mit gleich drei Liebhabern und wollte auf der kargen Insel ein Luxushotel eröffnen. Obwohl alle Beteiligten deutsch sprachen, kam es zu heftigsten, innerartlichen Auseinandersetzungen, die schließlich in mysteriösen Todesfällen gipfelten. Die Baronin und einer ihrer Liebhaber verschwanden spurlos auf Nimmerwiedersehen, der vertrocknete Leichnam eines ihrer Liebhaber wurde wenig später auf der Insel Marchena aufgefunden, und der bekennende Vegetarier Dr. Ritter verendete an einer Fleischvergiftung. Bis heute gilt: Aktenzeichen XY-Floreana ungelöst.

Die **Riesenschildkröten** tragen derweil schwer an der Last ihrer Panzer und der Schicksalsschläge, die die Menschen ihnen beschert haben. In früheren Jahrhunderten haben nämlich skrupellose Seeleute die Fähigkeit der gepanzerten Tiere, ein ganzes Jahr ohne Nahrung zu überleben, auf brutalste Weise ausgenutzt. Sie haben die hilflosen Geschöpfe auf den Rücken geworfen und als lebendige Frischfleischlieferanten mit auf ihre Reisen genommen. Wer bis heute überlebt hat und nun unter dem Schutz des Nationalparks steht, betört Besucher und Besucherinnen mit einem wahrhaft prähistorischen Gesichtsausdruck, fern vom Schönheitsideal moderner Tiere und herzzerreißend wie E.T.

Und wenn sie alle nicht gestorben sind, dann geht die Entstehung der Arten weiter. Nur **Lonesome George**, der Schildkrötenstar auf der Charles Darwin Station in Puerto Ayora hat wirklich schlechte Karten. Denn er ist der letzte seiner Art – und mit anders gearteten Schildkröten fremdgehen, das will er auch nicht.

## 13. Schlaglicht
# Galápagos

*Fernandina*

**Highlights:**

Wenn man nicht gerade drei oder vier Wochen Zeit hat, ist es nur mit einer **Kreuzfahrt** möglich, die Vielfalt der Insellandschaften, vor allem aber die vielen verschiedenen Galápagos-Tiere kennenzulernen. Denn nicht jedes Tier ist auf jeder Insel zu finden. So sind die prächtigen Albatrosse nur auf Española anzutreffen. Landleguane, die Meister des unergründlichen Gesichtsausdrucks, findet man hauptsächlich auf Seymour Norte. Die hübschen Rotfußtölpel halten sich vorwiegend auf Genovesa auf, und Schildkröten-Garantie gibt es nur auf Santa-Cruz, auf San Cristobal und auf Isabela. Seelöwen, Meer- oder Lavaechsen sind beim Standort nicht ganz so wählerisch; aber Sie wollen ja nicht nur diese drei Tiere sehen. Und Galápagos ohne die putzigen Blaufußtölpel (hauptsächlich auf Seymour Norte und auf Española), das geht ja nun gar nicht.

**Kurzportraits** der Inseln und ihrer Highlights:

**Baltra:** die Insel mit dem größten Flughafen von Galápagos; vier voll beladene Metallvögel pro Tag; tierisch gesehen ist die Insel nur bedingt attraktiv.

**Seymour Norte:** Gleich neben Baltra, Einstiegsinsel für sehr viele Reisegruppen, dementsprechend besteht „Staugefahr" bei der Tierbeobachtung. Landschaftlich ist die Insel nicht ganz so reizvoll wie manch andere; dafür leben auf Seymour Norte die seltenen Landleguane, vorzeitlich anmutende Drachen, die aussehen wie gerade aus dem Jurassic-Park entführt. Ihre Inselgefährten sind vor allem die putzigen Blaufußtölpel, aber auch Fregattvögel, Meerechsen und Seelöwen.

**Santa Cruz:** Hier leben die meisten Menschen (ca. 17.000); hier ist das touristische Zentrum des Archipels und Puerto Ayora, die größte Stadt der Inselwelt; hier sind die Forschungsstation Charles Darwin und die Nationalparkverwaltung; hier werden Riesenschildkröten gezüchtet und können von ganz nah bewundert werden. Hotels, Restaurants, Strände, Hafenidylle, Lavatunnel und vulkanische Einsturztrichter mit einer einzigartigen Vegetation gibt es auch. Santa Cruz, das Mallorca unter den Galápagos Inseln.

**San Cristobal:** Die Hauptstadt Puerto Baquerizo Moreno ist längst nicht so mondän und betriebsam wie Puerto Ayora, eher verschlafen; doch immerhin ist die Insel seit dem 19. Jahrhundert bewohnt, zählt ihre 8.000 Einwohner, hat einen Flughafen, ein interessantes Museum über die menschliche Besiedlungsgeschichte, eine große Süßwasserlagune, die Schildkrötenbucht La Galapaguera mit 1000 frei lebenden Elefantenschildkröten, einen Felsen, der wie ein schlafender Löwe aussieht (León Dormido) sowie eine Vielzahl von Seelöwen und verschiedenen Galápagos-Vögeln. Ja sogar den Rotfußtölpeln, die es sonst nur auf Genovesa gibt, gefällt es hier – und den Surfern: Puerto Baquerizo Moreno ist Szenetreff für die Leute mit dem Brett.

**Española:** Die Insel der Albatrosse, große, bildschöne Vögel, die Tausende von Kilometern segeln können; nur Start und Landung sind für den schweren Albatross ein Problem. Er braucht eine steile Klippe, von der er sich in den Aufwind stürzen kann, und er braucht eine lange, glatte „Landebahn", um sicher wieder auf die Erde zu kommen. Beides finden die Albatrosse nur auf Española. Auch Blaufußtölpel, Seelöwen und eine besondere Art von Meerechsen mit einem coolen, roten Rücken fühlen sich wohl auf der Insel. Und als besondere Attraktion spritzt eine Gischtfontäne wie aus einem gigantischen Feuerwehrschlauch aus der schwarzen Lavaküste in den Himmel. Española, meine Lieblingsinsel.

**Floreana:** Die Insel, die uns Menschen seit mehr als zweihundert Jahren angezogen hat. Sie ist neben San Cristobal die einzige Galápagos-Insel, auf der es ständig sprudelnde Süßwasserquellen gibt. Hier ließen sich die ersten Siedler nieder, hier gibt es seit 1794 eine Poststation, genau genommen ein aus Brettern zusammen geschustertes Fass. Noch heute können Sie an der „Post Office Bay" ihre Briefe einwerfen und selber Post mitnehmen, die an Ihre Heimat gerichtet ist. In den 1930er Jahren war Floreana Kulisse für eine mysteriöse Mordserie, die niemals ganz aufgeklärt wurde. Heute leben auf Floreana etwa 100 Menschen, (ebenfalls nicht endemische) Flamingos und

*Post-Office*

schwergewichtige Meeresschildkröten, die Treckerspuren auf dem Strand hinterlassen.

**Genovesa:** Ein Vogelparadies am Ende der Inselwelt: Fregattvögel und Nazca-Tölpel, Pelikane, Tropikvögel und Gabelschwanzmöwen, alle Vöglein sind schon da, allen voran die aparten Rotfußtölpel, die blauen Schnabel zum roten Fuße tragen und auf der abgelegenen Insel ihre größte Kolonie haben.

**Isabela:** Die mit Abstand größte Galápagos-Insel und eine der vier Inseln, die von Menschen bewohnt sind. Außer diesen etwa 2000 Personen leben auf Isabela Riesenschildkröten, die seltenen Äquatorpinguine, besonders schöne und große Meerechsen, Flamingos und jene seltsamen Kormorane, die nicht fliegen können. Aktive Vulkane, das Postkartenpanorama des Darwin-Sees und einzigartige Mangrovenwälder; die Landschaft ist grandios, und das lauschige Puerto Villamil mit seinem weißen Samtstrand das idyllischste Städtchen des gesamten Archipels. Und dann gibt es noch die riesige „Mauer der Tränen", ein groteskes Bauwerk, das an die Zeit erinnert, als es auf Isabela ein grausames Gefangenenlager gab.

**Fernandina:** La Cumbre, der Inselvulkan ist noch immer aktiv. Zuletzt brach er im Jahre 2009 aus, ein sanfter Ausbruch, ganz ohne krachende Naturgewalt, wie wir sie vom Festland kennen. Hier fließt die Lava gemächlich aus den Erdspalten und überzieht die Erde mit messerscharfen Basaltblöcken oder mit wulstigen Stricklavahäuten, auf denen sich heute eine der größten Meerechsenkolonien des Archipels sonnt. Auch die Flugunfähigen Kormorane und der eine oder andere Pinguin lassen sich gerne auf Fernandina blicken. Einen eindrucksvollen Geisterbahneffekt liefert das hartweiße Skelett eines auf der schwarzen Lava gestrandeten Wals.

**Santiago:** Knall-orange Klippenkrabben staksen über eine spektakuläre Mondlandschaft; die Lavareiher machen das auch. Im Wasser vor dem pechschwarzen Strand tummeln sich die seltenen Seebären, die man wegen ihres dichten Fells zu den Pelzrobben zählt. Tölpel und Pelikane streiten sich um einen Fischschwarm, und die Meerechsen lassen es wie immer ruhig angehen. In früheren Zeiten haben die Menschen Salz auf Santiago gewonnen. Einen runden Gezeitentrichter, durch den Meerwasser auf und ab spült, nennen die Reiseleiter „Darwins Toilette".

**Bartolomé:** Eine ins Wasser gefallene Mondlandschaft. Zwei einander gegenüberliegende Buchten umspielen eine malerische Landzunge mit goldgelben Stränden, Malkasten-grünen Mangroven und einer schwarzen, steil in den Himmel ragenden Felsnase. Der schönste Aussichtspunkt und das berühmteste Postkartenmotiv der Inselgruppe! An den Felsküsten tummeln sich die Pinguine und die Fregattvögel.

*Puerto Ayora*

**Tipps:**

Zu einem runden Galápagos-Erlebnis gehört das richtige **Schiff und Naturführer**, die fachkundig und gut drauf sind. Wenden Sie sich an erfahrene und zuverlässige Reisebüros wie Enchanted Expeditions oder Salsa Reisen (siehe Kapitel „Hinweise"). Ein absoluter Star in der Luxusklasse ist die Isabela II von Metropolitan Touring, nicht zu groß und von einer Qualität, von der sich so manches Sternehotel eine

Scheibe abschneiden könnte; in Deutschland buchbar über ZEIT REISEN und Windrose Fernreisen.

Um den Galápagos-Trip rund zu machen, empfehlen sich nach einer Kreuzfahrt noch drei Tage „Landgang" zum Ausklingen lassen. Ein idealer Platz hierfür ist **Puerto Ayora**, ein aufstrebender kleiner Urlaubsort mit vielen netten Lokalen und einem Rest von Fischerdorf-Atmosphäre. Das Städtchen erinnert ein wenig an die Ferienorte auf Mallorca in der längst vergangenen Pionierzeit des Tourismus. Vieles, doch längst nicht alles ist schön; Grobschlächtiges und Schickes, Uriges und schlimme Bausünden geben sich ein buntes Stelldichein.

Unschlagbar als Ambiente-Location: Das Open Air-Restaurant **Angermeyers Point** am südlichen Ende von Puerto Ayora. Es ist das frühere Haus des Galápagos-Künstlers Karl Angermeyer. Sie können das Restaurant nur von der Mole aus mit dem Bootstaxi (Fahrpreis 1 Dollar) erreichen. Der Blick über den Hafen ist einmalig, Abends beim Schein flackernder Kerzen sogar Romantik pur. So halte ich es für verzeihlich, dass das Essen bisweilen nicht so ganz exquisit ist wie die Preise.

Der Tipp für den Morgen: Sehr angenehm frühstücken können Sie in Puerto Ayora bei **Hernán**, gleich am Uferpark mit dem Jachthafen als Hintergrundmotiv, gutem Kaffee und angenehmen Preisen.

Auf der Schlemmergasse Calle Charles Binford, gern auch **Calle de los Quiscos** genannt, spürt man noch, dass Puerto Ayora eigentlich

*Landleguan*

ein Fischerdorf ist. Dickbäuchige Wirte hantieren in dampfenden Garküchen, vor denen ungehobelte Holztische und wetterfeste Plastikstühle mitten auf der Straße stehen. Herrlich frische Fische, köstliche Meeresfrüchte und frittierte Bananen werden auf die Tische geknallt. Dazu ein kühles Flaschenbier. Mein à la carte-Tipp: Languste zum Bier – kostet nicht mehr als die Currywurst mit Champagner im Düsseldorfer Hafen.

Der frühere Gasthof der Galápagos-Pionier-Familie Angermeyer auf der Avenida Charles Darwin heißt heute **Hotel Silberstein**. Die Zimmer liegen um einen tropischen Innenhof mit einem herzallerliebsten Minipool, über den ein japanisches Brücklein führt. Dazu ein nettes Restaurant, indem lecker gekocht wird. Nun sage noch einmal jemand, dass Entwicklungszusammenarbeit keine dauerhaften Wirkungen habe – das Hotel gehört einem ehemaligen Experten der deutschen Technischen Zusammenarbeit (Doppelzimmer ca. 200 US$).

Das **Red Mangrove** in Puerto Ayora, eine schicke Schicki-Micki-Herberge auf dem Weg vom Hafen zur Charles Darwin Station. Die Zimmer zur Bucht sind traumschön, die nicht ganz so teuren weiter hinten, mitten in den Mangroven, haben einen anziehend surrealen Touch, allerdings auch für die Stechmücken (Doppelzimmer ab etwa 300 US$). Wer will, kann im Red Magrove Inn auch Sushi essen, und die über die Bucht gebaute Holzterrasse ist ein cooler Cocktail-Schlürf-Platz.

Auch für Hotels mit Backpacker-Standard muss man auf Galápagos mit 40 bis 50 US$ rechnen. In dieser Klasse hat mir das **Hotel Salinas** auf der Calle Islas Plaza, nicht weit vom Hafen, am besten gefallen: saubere Zimmer und ein netter Innenhof.

Die **Charles Darwin Station** am Ortsrand von Puerto Ayora widmet sich seit nunmehr fast 50 Jahren der Erforschung und dem Schutz des Galápagos-Archipels. Man kann mit Fug und Recht sagen, dass die Arche Noah der Evolution und seine einzigartige Tierbevölkerung ohne das unermüdliche Engagement der Wissenschaftler/innen der Darwin-Station längst nicht mehr so gut beieinander wären, möglicherweise sogar untergegangen wären. Ein Besuch vermittelt frappierende Einsichten in die komplexen Naturzusammenhänge, zum Beispiel, dass eingeschleppte Tiere und Pflanzen eine der größten Bedrohungen überhaupt sind. So erforderte der Erhalt der Galápagos-Tiere, unter vielen anderen Maßnahmen, groß angelegte Ziegenabschussaktionen, bei denen auf den größeren Inseln um die 100.000 Ziegen den Tod fanden. Traurig, aber nötig, denn die Meckertiere zerstören den Lebensraum der endemischen Geschöpfe, den Schildkröten fressen sie die Eier auf. So war es denn auch moralisch gerechtfertigt, beim Ziegengenozid auf Santiago „Judasziegen" einzusetzen, die die Jäger mittels eines Senders zu ihren Artgenossen führten. In der Darwin-Station gibt es neben solch hoch spannenden Informationen auch richtig etwas zu sehen: eine Riesenschildkröten-Aufzuchtstation, in der mehrere hundert Panzertiere unendlich langsam und gelassen ihrem langen Leben nachgehen und sich dabei gerne ablichten lassen. Nur der berühmte **„Lonesome George"** hat als letzter seiner Gattung eine große Scheu, fast möchte man sagen Staralüren entwickelt; der Krötenpromi versteckt sich am liebsten im dichten Gebüsch seines Geheges. Dafür begeistern ein Stück weiter bildhübsche, bunte Landleguane das Publikum mit ihren geheimnisvollen Spielzeugsauriergesichtern.

Von Puerto Ayora aus kann man schöne Spaziergänge unternehmen. Südwestlich vom Ortskern sind es nur ein paar Schritte zur heimeligen **Laguna Las Ninfas**, ein filmreifer Ort für den ersten Kuss. Oben an der Straße wartet für das Gläschen hinterher das kuschelige **Café del Lago**. Mit Minikuchentheke, Kultur-Touch und Tauschbibliothek wirkt es wie ein Stückchen Berlin Prenzlauer Berg, das jemand in die Tropen geschleppt hat. Dieselbe Straße führt ein paar Hundert Meter weiter zu einem Hügel, auf dem die Eingangshütte vom Nationalpark steht. Dort beginnt ein malerischer Weg aus Stein, der angelegt ist wie eine alte Inkastraße. Rechts und links die bizarre Galápagos-Vegetation mit Mangroven, Weihrauchbäumen und den

*Riesenschildkröte*

fleischigen Opuntien, in den sich Vater Darwins Finken ihre verschiedenen Schnäbel zeigen. Der moderne Inkaweg führt nach etwas mehr als 2 Kilometern zur **Tortuga Bay**, einer Bucht zum Malen oder Fotografieren, wahlweise auch zum Schwimmen oder Schnorcheln.

Das traumschöne **Puerto Villamil auf Isabela** ist ein fantastischer Ort, um in großer Ruhe über seine Erlebnisse im „Land der Entstehung der Arten" zu reflektieren; oder einfach die Seele baumeln zu lassen. Und wenn es genug gebaumelt hat, kann man sich die Zeit wunderbar mit Schnorcheln vertreiben, oder mit Ausflügen zur Schildkröten-Aufzuchtstation, zur Mauer der Tränen oder zu den Vulkanen. Im idyllischen Puerto Villamil ist der Tourismus noch in seinen sympathischen Kinderschuhen, doch es gibt schon eine Reihe von Hotels und Restaurants, die für alles sorgen, was Inselbesucher/innen brauchen.

In Galápagos ist nicht nur auf den Inseln, sondern auch bei den Tieren im Wasser viel los; der Archipel ist einer der attraktivsten Tauch- und Schnorchelplätze der Welt. Hier tummeln sich Haie, die nicht aggressiv sind, urzeitliche Meeresechsen fressen ihre Algen und Schildkröten zeigen, dass in der **Unterwasserwelt** auch ein Panzertier behände sein kann. Bunte Fische gibt es deren Tausende; Doktorfische, Kaiserfische, Harlekinfische und Rochen sind nur einige von ihnen; die Seepferdchen schauen ihnen zu, flugunfähige, aber tauchende Kormorane und Pinguine sind hinter ihnen her. In Puerto Ayora, Puerto Baquerizo Moreno und Puerto Villamil gibt es Tauchbasen, und bei den Kreuzfahrten sind die Wunder des Wassers ebenfalls mit im Programm.

Reisen Sie mit **gut gefülltem Geldbeutel**. In Galápagos ist nämlich so ziemlich alles, vom Gummileguan bis zum Hotelbett doppelt, manchmal auch dreimal so teuer als sonst wo in Ecuador.

## Geheimtipps:

Der erste Spanier, den es im Jahre 1535 nach Galápagos verschlagen hat, war Tomás de Berlanga. Dort, wo heute die nach ihm benannte Straße auf die Avenida Charles Darwin in Puerto Ayora stößt, gibt es einen **lauschigen Ort am Ufer mit zwei Bänken**, ein idealer Platz, um einen schönen Nachmittag mit einem herrlichen Blick über die Bucht ausklingen zu lassen. Offensichtlich hat de Berlanga diese Stelle nicht gekannt; denn er hielt in seinen Aufzeichnungen fest, die Galápagos Inseln seien völlig unbewohnbar.

Piraten, Walfänger, Strafgefangene und exzentrische Siedler, Galápagos ist nicht nur eine Arche Noah der Evolution, der Archipel hat immer schon seltsame Menschen angezogen, die nicht so recht ins übliche Gemeinwesen passten. Es lohnt sich, an Originalschauplätzen ein gutes Buch über diese bisweilen unglaublichen Vorkommnisse zu lesen. Besonders eindrucksvoll ist der Roman **„Der Leguan"** von dem spanischen Erfolgsautor Alberto Vazquez-Figueroa. Es ist die Geschichte von Oberlus, einem abgrundtief hässlichen Menschen, der einem Leguan gleicht. Er nimmt auf der Insel Española Leute gefangen und versklavt sie – bis schließlich eine attraktive Frau in seine Fänge gerät, die dem Monster Paroli bietet. Ein fesselndes Psychodrama beginnt, bei dem einem Schauer über den Rücken laufen. Das wesentlich bekanntere Buch **„Postlagernd Floreana"** wirkt am besten, wenn man es auf Floreana in dem kleinen Hotel der Nachkommen der Familie Wittmer liest und sich dabei überlegt, wer in den 1930er Jahren denn nun wirklich der schreckliche Mörder am Ende der Welt war. Mehr Galápagos-Lesetipps im Schlaglicht Bücher über Ecuador.

## Kuriositäten:

Herrlich ist der kleine **Fischmarkt in Puerto Ayora**. Die toten

Fischköpfe starren fotogen in Ihre Kameras, und an der Theke werden die Kunden zu zwei Seiten hin bedient: landeinwärts die Menschen und auf der dem Meer zugewandten Seite Pelikane und Seelöwen. Es fällt auf, dass die tierischen Kunden meist nur Grätiges und die Fischköpfe bekommen, wahrscheinlich weil sie nicht zahlen können.

Die grauen **Weihrauchbäume** (Palo Santo) stehen die meiste Zeit des Jahres wie kahle, bleiche Gerippe ziemlich traurig in der dürren Landschaft. Die anspruchslosen Gewächse trotzen der Trockenheit und sind auf dem Archipel entsprechend verbreitet; auf Floreana gibt es einen ganzen Berg, der damit bewachsen ist. Es heißt, dass der betörende Duft der Weihrauchbäume so manche der raubeinigen Siedler davon abgehalten habe, sich gegenseitig umzubringen. Doch wie die grauseligen Begebenheiten um Dr. Ritter und die Baronin Eloise von Wagner auf Floreana gezeigt haben, hat der Weihrauch nicht immer funktioniert.

**Wermutstropfen und Hoffnung:**

Im Jahre 1980 war für Galápagos eine Obergrenze von 12.000 Touristen pro Jahr festgelegt. Man ging davon aus, dass mehr „Besuch" dem Naturparadies abträglich ist. Vor allem die Folgeerscheinungen des Fremdenverkehrs, wie der Zuzug von Menschen, die im Tourismus tätig sind, der Bau von Infrastruktur und die Zunahme von Fischfang etc. gefährden das sensible, ökologische Gleichgewicht der Inselwelt. Nach langen, schmerzhaften Diskussionen entschloss man sich damals schweren Herzens, 13.000 Touristen pro Jahr zuzulassen. Und so ähnlich ging es fortan jedes Jahr, manchmal wurden die Besucherquoten auch einfach überzogen. Vorläufiges Ende vom Lied: im Jahre 2009 kamen über 150.000 Touristen nach Galápagos. Gleichzeitig ist Galápagos über die Jahre zur reichsten Provinz Ecuadors avanciert. Dies wiederum lockt weitere Menschen an, die auch gerne ein Stück vom Inseltourismuskuchen abbekommen möchten.

Im Jahre 2001 hat die UNESCO Alarm geschlagen und den Archipel auf die rote Liste des gefährdeten Welterbes gesetzt. Auf Seymour Norte muss man beim Landleguan bisweilen Schlange stehen und fragt sich vielleicht, wie es dem die archaische Ruhe gewöhnten Tier dabei so geht. Im Jahr 2001 gab es auf Galápagos eine fürchterliche Ölpest, weil der Treibstoff für die Touristenschiffe ausgelaufen war. Konnte man im Jahre 1980 am Strand vor der Charles-Darwin-Station die Langusten noch mit der Hand aus dem Wasser fischen, wird heute – Schonzeit hin oder her – 80 Meter tief getaucht, um die leckeren Schalentiere auf den Teller zu kriegen. **Galápagos, eine Parabel** für den Umgang von uns Menschen mit dem Planet Erde? Immerhin hat die ecuadorianische Regierung mittlerweile Touristenströme und Zuzug so stark reglementiert, dass die einzigartige Inselwelt im Jahre 2010 wieder von der roten Liste der UNESCO genommen wurde.

**Hotel Silberstein**
02-2250553
05-2526277
www.hotelsilberstein.com
info@hotelsilberstein.com

**Hotel Salinas**
05-2526107
reservashotelsalinas@
hotmail.com

**Red Mangrove**
05-2526564
02-2250166
www.redmangrove.com
info@redmangrove.com

*... und die Gabelschwanz-
möwe betrachtet ihre Füße*

# 14. Schlaglicht
## Bücher über Ecuador

Viele der Bücher sind nur noch antiquarisch zu bekommen. Dies ist aber heutzutage mit Internet-Datenbanken wie www.eurobuch.com, www.zvab.com oder der Gebrauchtbücher-Sparte von amazon.de in der Regel kein Problem mehr.

**Highlights:**

**Volker Feser**
*Ecuador*
5. Auflage, Michael Müller Verlag, 2010
Der umfassendste, deutschsprachige Reiseführer, manche sagen die Ecuador-Bibel. Feser geht selbst auf die entlegensten Winkel des Landes ein, er beschreibt eine Vielzahl von Hotels und Restaurants und erwähnt fast jeden Bus, einschließlich der Bäume, an denen sie halten. Kurzum: alle wichtigen Informationen und mehr, viel erhellender Hintergrund und eine erfrischend lockere Schreibe, bisweilen auch zum Schießen komisch.

**Peter Korneffel**
*Ecuador – Galápagos Inseln*
2. Auflage, Dumont Richtig Reisen 2010
Ein ausgezeichneter Reiseführer. Die touristischen Infos und Beschreibungen werden durch originelle Formulierungen aufgelockert. Gelungene Kurzreportagen werfen außergewöhnliche Blicke auf nicht alltägliche Facetten wie „Gestrandete Säuger – Der Mensch auf Galápagos". Das Buch liefert alle wichtigen Fakten, lädt zum Schmökern ein und öffnet die Augen für ein wunderbares, kleines Land in Südamerika.

## Antoine B. Daniel
### *Die Inkas*
Trilogie, 2001 und 2002

Hinter dem Pseudonym Antoine B. Daniel verbergen sich drei Franzosen, ein Ethnologe und zwei Schriftsteller. Sie präsentieren die spanische Conquista und den tragischen Untergang des Inkareiches in einer Mischung aus historischer Dokumentation, spannendem Roman und Augsburger Puppenkiste. Da stürzen blutrünstige Ritter der traurigen Gestalt ein goldglänzendes Märchenreich. Doch der erzürnte Gelehrte mit dem grünen Cocamund lässt die schamlosen Eroberer nicht zur Ruhe kommen. In all diesen Wirren verliebt sich ein spanischer Edelmann in eine Priesterin der Inka, deren einzigartige Augen so tiefblau sind wie die unergründlichen Wasser des Titicaca-Sees. Glänzend erzählt!

## Joe Kane
### *Die Krieger des Jaguar,* 1998
Spannend wie ein Thriller und fast so authentisch wie eine gute Reportage. Die mitreißende Geschichte vom ungleichen Kampf der Huaorani-Indianer gegen eine übermächtige Erdölfirma. Fesselnd geschrieben und tragisch, stellenweise aber auch total lustig, wenn die Kulturen verwundert aufeinanderprallen. Man spürt, dass Joe Kane tatsächlich dabei war und selbst durch den bedrohten Urwald getigert ist.

## Heinrich Hintermann
### *Im Reiche des Sonnengottes,* 1927
Eine spritzige und spannende Reisebeschreibung aus der guten alten Zeit. Da könnte man glatt draus vorlesen oder ohne Ende vor sich hin schmunzeln, wenn zum Beispiel der edle Kondor sich dermaßen mit Aas vollgefressen hat, dass er sich nur noch mit Schwierigkeiten in die Lüfte zu erheben vermag.

**Richard Katz**
*Im Zickzack durch Südamerika,* 1935, 1955
Auch Katz ist ein quietschfideler Reiseschriftsteller der damaligen Extraklasse. Seine Beobachtungsgabe und seine beißende Ironie sind so unbekümmert wie der Untertitel des Buches: Schnaps, Kokain und Lamas; und dabei bisweilen alles andere als politisch korrekt. Kostprobe gefällig?: „Für zwei Begriffe fehlt den Kreolen der Sinn: für Lärm und für Pünktlichkeit. Lärm machen sie, aber sie empfinden ihn nicht."

## Highlights Galápagos:

**Alberto Vazquez-Figueroa**
*Der Leguan,* 1982, 2005
Oberlus war ein Mensch von so großer Hässlichkeit, dass er einem Leguan glich. Es gelingt ihm mit beispielloser Grausamkeit, auf der Galápagos Insel Española eine Schreckensherrschaft zu begründen. Eines Tages gerät eine attraktive Frau in seine Fänge, die dem Leguan ebenbürtig ist. Ein fesselndes Psychodrama beginnt. Ein Buch, das man nicht mehr aus der Hand legt, ein Buch, das noch dazu einen realen Hintergrund hat.

**Kurt Vonnegut**
*Galápagos,* 1985
Ein unbekannter Virus lässt die Menschheit aussterben. Bis auf eine kleine Gruppe von Leuten, die sich auf eine der Galápagos-Inseln retten kann. Und dort beginnt die Evolution von neuem. Frei nach Darwin passen die Geschöpfe sich der Umgebung an und entwickeln über die Jahrhunderte Schwimmflossen an ihren Körpern. Und sie befreien sich von einem Grundübel der Menschheit, unserem viel zu großen Hirn. Vonnegut macht Galápagos zur Bühne einer glänzenden Satire auf das, was wir Entwicklung nennen.

### Günter Schmudlach
*Bergführer Ecuador,* 3. Auflage, 2009

Schmudlach schafft es tatsächlich, fast alle Berge zu beschreiben, die es in Ecuador gibt. Akribisch recherchiert und professionell zusammengestellt enthält dieses Buch alle Informationen, die man braucht, um zu den Bergen hin, auf sie rauf und auch sicher wieder runter zu kommen.

### Merian
*Ecuador,* 2007

Reich betextetes Bilderbuch mit Informationen, Reisetipps und Hintergrund.

### Julia Pfaffenholz
*Kulturschock Ecuador*

2. Auflage 2008, Raúl Jarrin

Andere Länder, andere Sitten; es gibt zwischen Ecuador und Deutschland mehr Unterschiede in Mentalität, Verhalten und Alltagskultur als es auf den ersten Blick erscheinen mag. Ein ecuadorianisch-deutsches Autorenpaar beschreibt dies aus der Sicht beider Länder. Ein Augenöffner und Baustein für eine unbeschwerte Zeit in Ecuador.

### Peter Korneffel
*Von Amazonien nach Galápagos*

Streifzüge durch Ecuador, 2. Auflage 2005

Die spannend geschriebenen Reportagen haben Tiefgang. Selbst für eingefleischte Landeskenner gibt es neue und außergewöhnliche Einblicke. Peter Korneffels Streifzüge sind ein wunderbares zeitgenössisches Panoptikum über Ecuador.

### Andreas Altmann
*Reise durch einen unbekannten Kontinent,* 2009

Eine spannende Reise durch Kolumbien, Ecuador, Peru, Bolivien und Chile mit einem außergewöhnlichen Schriftsteller. Altmann wirft treffende Blicke auf Dinge, die andere nicht sehen. Er geht dahin, wo andere nicht hingehen wollen oder sich schlicht nicht hin trauen. So entsteht ein bunter Flickenteppich von exzellenten, manchmal schrägen Momentaufnahmen, ein Bilderbuch in Worten, das auch für Insider spannend ist.

### Karl Dieter Gartelmann
*Ecuador*
Der Klassiker unter den Bildbänden über Ecuador, immer wieder aufgelegt und noch immer etwas Besonderes.

### Loren A. McIntyre
*Die amerikanische Reise – Auf den Spuren Alexander von Humboldts,* 1982
Sehr schön bebildertes und informatives Buch über die außergewöhnliche Reise des deutschen Universalwissenschaftlers einschließlich seines Versuchs, den Chimborazo zu besteigen.

### Daniel Kehlmann
*Die Vermessung der Welt,* 2005
Bestseller, in dem der Autor die Lebensgeschichten zweier berühmter Wissenschaftler ihrer Zeit gegenüber stellt: Alexander von Humboldt, Universalgenie und Weltreisender, Carl Friedrich Gauß, Mathematiker und Stubenhocker. Kritiker sagen indes, dass der Autor es mit den wahren Begebenheiten nicht genau nimmt und zu sehr ironisiere.

### Arthur Weilbauer
*Die Deutschen in Ecuador*
Historische Studie, Quito 1974
Wussten Sie schon, dass die berühmte Fassade der Compañia-Kirche in Quito von dem Deutschen Leonard Deubler geschaffen wurde.

Oder dass Deutsche in Ecuador nicht nur ihre obligatorischen Brauereien sondern im Jahre 1913 auch die Eisenbahnlinie Quito-Ibarra gebaut haben. Arthur Weilbauer hat die Spuren und das Wirken der Deutschen mit deutscher Genauigkeit zusammengetragen.

### Colette Davenat
*Die Favoritin,* 1997

Nicht ganz so bunt wie die Inka-Trilogie von Antoine B. Daniel. Ein spannender Historienschinken, geschrieben aus der Sicht einer starken und klugen Frau. Asarpay war gleich drei Sonnenkönigen, Huayna Capac, Atahualpa und Manco ganz nahe; Favoritin, Geliebte und Beraterin zugleich.

### Garcilaso de la Vega
*Wahrhaftige Kommentare zum Reich der Inka,* 1609, 1983
### Pedro de Cieza de León
*Auf den Königsstraßen der Inkas,* 1553, 1971

Zwei Werke für alle diejenigen, die den Aufstieg und Fall des Inkareiches gern im O-Ton hätten. Garcilaso de la Vega war der Sohn eines spanischen Konquistadors und einer Inka-Prinzessin. Die Ungenauigkeit und Oberflächlichkeit der damaligen Schriftsteller hat ihn zu seinen „wahrhaftigen Kommentaren" bewogen. Der Chronist León de Cieza war die graue Eminenz des spanischen Eroberers Pedro de la Gasca. Und er war der erste, der methodische Studien über die Inkas und ihre Sitten betrieb.

### Jorge Icaza
*Huasipungo,* 1934, 1994

Im Jahre 1934 erscheint der Roman Huasipungo von Jorge Icaza. Das Buch soll zu einem der berühmtesten Werke der ecuadorianischen Literatur werden. Doch zunächst einmal wird es in Ecuador auf den Index gesetzt. Denn Icaza zeichnet ein düsteres, erschreckendes Bild der Zustände auf den Haciendas: Die Indios werden auf den

Haziendas wie die Tiere behandelt, ihre Frauen werden vergewaltigt und da hält sich auch der Priester nicht zurück. Huasipungo ist Roman und politische Streitschrift zugleich.

### Moritz Thomsen
*Arm mit den Armen,* 1972

Mit glänzender angloamerikanischer Selbstironie beschreibt der ehemalige Peace-Corps-Mann die tollpatschigen Abenteuer und Irrtümer der Entwicklungshilfe in den Kinderschuhen. Das Buch spielt Anfang der 60er Jahre in Rio Verde im Norden der Küstenprovinz Esmeralda.

### Luis Sepúlveda
*Der Alte, der Liebesromane las,* 1991

Der chilenische Erfolgsautor beschreibt mit großem Einfühlungsvermögen die Geschichte eines alten Mannes in einem gottverlassenen Nest im Süden des ecuadorianischen Amazonasgebietes. Dabei lässt er die mystische Welt der Shuar-Indianer lebendig werden. Der Alte begibt sich schließlich in einen dramatischen Kampf mit einem von den Menschen in die Enge getriebenen Ozelot.

### Elisabeth Elliot
*Durchs Tor der Herrlichkeit,* 1959

Die tragische Geschichte verblendeter US-amerikanischer Missionare, die die urwüchsigen Huaorani-Indianer durchs Tor der Herrlichkeit Gottes führen wollen und schließlich unter ihren schweren Lanzen sterben.

### Erwin Patzelt
*Letzte Hoffnung Regenwald,* 1996

Patzelt war in den 70er Jahren Lehrer an der deutschen Schule in Ecuador. Doch seine Leidenschaft galt dem Abenteuer Urwald. Er wollte die gefürchteten Huaorani nicht bekehren. Er wurde ihr Freund.

### Detlef Blettenberg
*Weint nicht um mich in Quito,* 1981
Spannender Politthriller mit viel Lokalkolorit; dazu eine flotte Prise Sex, glänzend beobachtete Alltagsszenen, skurrile Typen und viele Tote.

### Karin Muller
*Entlang der Inka-Strasse,* 2001
Mehr als eine Reisebeschreibung. Karin Muller präsentiert ihren Lesern das Außergewöhnliche: eine Meerschweinchentherapie beim Schamanen, das skurrile Fest der Mama Negra in Latacunga und die gesetzlosen Goldminen bei Nambija.

### Rainer Simon
*Fernes Land*
*Die DDR, die DEFA und der Ruf des Chimborazo,* 2005
Wenn ein Regisseur wie Rainer Simon in der DDR und in Ecuador gedreht hat, dann ist das schon eine spannende Geschichte. Simon hat sie mit viel Liebe für Ecuador und seine Freunde dort aufgeschrieben.

## Lesetipps für Galápagos:

### Margret Wittmer
*Postlagernd Floreana,* 1959, 1996
Der Galápagos-Klassiker. Im Jahre 1932 fängt die Kölnerin Margret Wittmer mit ihrem Mann und dessen Sohn auf der Insel Floreana fernab aller Zivilisation ein neues Leben an. Die Robinsonade entpuppt sich als ein harter Kampf mit der Natur. Trotz aller Abgeschiedenheit wartet eine nicht abreißende Reihe von Abenteuern und Schicksalsschlägen auf die Familie Wittmer – bis hin zu rätselhaften Morden.

### Georg Bremer
### *Satan kam nach Eden,* 1998

Mit dem wundersamen Arzt Dr. Friedrich Ritter und der ihm hörigen Dore Strauch hatte die Familie Wittmer sich arrangiert. Doch schon bald kommen weitere seltsame Menschen auf die Insel Floreana und bereiten der Aussteiger-Idylle ein jähes Ende. Eine exzentrische Baronin ruft sich zur Kaiserin von Floreana aus. Schließlich finden 6 Menschen unter mysteriösen Umständen den Tod. Konnte die „Galápagos Affaire" wirklich aufgeklärt werden oder hat die hochbetagte Margret Wittmer das Geheimnis Ende der 90er Jahre mit in ihr Grab genommen?

### Günter Seuren
### *Die Galápagos-Affaire,* 2001

Eigentlich sollte die bizarre Mordgeschichte verfilmt werden, mit Ornella Muti als Baronin Eloise Wagner und Jack Nicholson als Dr. Friedrich Ritter. Leider scheiterte das Projekt, und so machte der Drehbuchautor Günter Seuren aus dem Skript kurzerhand einen vor Spannung knisternden Psychoroman.

### Friedrich Ritter
### *Als Robinson auf Galápagos,* 1935

Dieses nicht ganz billig zu bekommende Buch sollten Sie sich zulegen, wenn Sie die skurrilen Ereignisse auf der Insel Floreana gern im O-Ton hätten; noch dazu aus der Feder eines, der verrückt gewesen sein könnte: Dr. Ritter, ein schräger Amateurphilosoph, der sich und seiner Freundin alle Zähne zog und sich dann mit seiner psychisch angeschlagenen Liebsten ein Stahlgebiss teilte.

### Karl Göbel
### *Hotspot Galápagos,* 2000

Pfiffig und locker geschriebener Krimi mit schönen Beschreibungen von Land, Leuten und Tieren in Ecuador und auf den Galápagos-Inseln.

Carmen Rohrbach
*Inseln aus Feuer und Meer, Galápagos,*
*Archipel der zahmen Tiere,* 1989, 2000
Galápagos und seine Attraktionen sind in fast allen Reiseführern
ziemlich ausführlich beschrieben. Dies ist ein Buch für alle, die es lieber im Erzählstil hätten.

Johanna Angermeyer
*My Father's Island,* 1990
Die Autorin hat es selbst erlebt; entsprechend authentisch beschreibt
sie, wie das Leben auf Galápagos vor dem Zeitalter des Tourismus
war und wie seine exzentrischen Bewohner sich ihr abenteuerliches
Inseldasein eingerichtet hatten. Leider nur in Englisch erhältlich.

## Geheimtipps:

Peter Lourie
*Schweiß der Sonne, Tränen des Mondes,* 1994
Die spannende Geschichte eines amerikanischen Anthropologen, der
in Ecuador dem sagenumwobenen Goldschatz des letzten Inka-
Herrschers Atahualpa nachspürt. Die Story ist voll von herrlichen
Klischees, der Autor tischt verhexte Berge und Zittersümpfe auf,
dazu klagende Flötenklänge und teilnahmslose, in dunkle Ponchos
gehüllte Indios. Und dennoch: Peter Lourie schreibt nicht umsonst in
der Ich-Form; er hat die Geschichte selbst erlebt.

Rolf Blomberg
*Anakonda, 1957*
Im englischen Original heißt das Buch „Buried Gold and
Anakondas"; und so wird in seinem ersten Teil eine gefährliche
Expedition in die geheimnisvollen Llanganati-Berge beschrieben, die
der Autor tatsächlich selbst unternommen hat. Doch auch er hat den
Schatz des Atahualpa nicht gefunden.

Diego Viga
*Die Konquistadoren,* 1975
Santiago Cabeza de Carnero (auf deutsch Jakob Schafskopf) ist einer der Soldaten, die unter Francisco Pizarro im 16. Jahrhundert das sagenhafte Inkareich erobern. Er versteht es, die Indianer auszunutzen und rückt in die führende Schicht der jungen Kolonie auf. Sein Ururururur...urenkel Luis Felipe Cabeza de Carnero bringt es auf nicht immer geraden Wegen zum Minister. Diego Viga lässt mit feinsinniger Beobachtungsgabe und nicht ohne Humor immer abwechselnd ein Kapitel in der alten Zeit und ein Kapitel in unserer Zeit spielen. Und die Moral von der Geschicht: sehr viel hat sich in den vergangenen 500 Jahren eigentlich nicht verändert. Ein spannender, hintergründiger, fast weiser Roman.

Es gibt noch eine Reihe anderer lesenswerter Romane von Diego Viga, die in Ecuador spielen:
*Waffen und Kakao,* 1961
*Station in Esmeraldas,* 1976
*Aufstieg ohne Chance,* 1982

Dietmar Felden
*Diego Viga, Arzt und Schriftsteller,* 1987
Felden beschreibt die außergewöhnliche Lebensgeschichte eines jüdischen Emigranten, der eigentlich Dr. Paul Esser hieß und Ecuador in seinen Romanen zur faszinierenden Bühne spannender, gesellschaftskritischer Geschichten machte.

## Kuriositäten:

Erich von Däniken
*Aussaat und Kosmos,* 1972
In einer riesigen Höhle in der Provinz Morona Santiago werden seltsamste Figuren und eine geheimnisvolle Bibliothek aus einem der

Menschheit unbekannten Metall entdeckt. Pater Crespi hütet hinter den Mauern des Klosters Maria Auxiliadora in Cuenca eine chaotische Sammlung aus goldenen Reliefs, die eigenartige Motive zeigen. Solche Dinge müssen Götter aus dem Weltall hinterlassen haben; wer sonst, meint Erich von Däniken.

### Peter Kaufhold
*Auf den Spuren des Erich von Däniken,* 1982
*Von den Göttern verlassen?* 1984

Der Autor begibt sich zu den von Däniken beschriebenen Wirkungsstätten der Außerirdischen und weist nach, dass in „Aussaat und Kosmos" nicht nur die Wahrheit steht. Seine eigene Glaubwürdigkeit belegt der Autor eindrucksvoll, als er auf Dänikens Spuren eine Wanderung in die geheimnisumwitterten Berge der Llanganati unternimmt, in eine Schlucht stürzt und prompt in den Armen eines Skeletts landet. Eigentor, meinen die Außerirdischen.

## 15. Schlaglicht
# Hinweise und Nebenwirkungen

Für alle Fälle: Dr. Pancho (Avenida República de El Salvador Ecke Avenida de los Shyris im Edificio Onyx, Tel.: 02-2469546 oder 02-2463139) ist ein gut Deutsch sprechender und sehr fürsorglicher **Arzt**.

**Busse** sind sehr preisgünstig; über den Daumen gepeilt können Sie für einen US-Dollar eine Stunde Bus fahren, also schon ziemlich weit kommen. Die Busse fahren in alle Himmelsrichtungen und bringen Sie bis in die kleinsten Dörfer. Je abgelegener das Ziel, desto klapperiger ist in der Regel der Bus. Doch gemeingefährliches Gerät und Kamikaze-Fahrer sind mehr und mehr auf dem Rückzug. Vor allem auf den großen Überlandlinien sind die großen Busgesellschaften in den letzten Jahren viel zuverlässiger und professioneller geworden; sie setzen in der Regel verkehrssichere, bequeme Fahrzeuge ein und fahren pünktlicher als die deutschen ICEs. Der neue Busbahnhof von Quitumbe im Süden von Quito sieht aus wie ein Flughafen und funktioniert auch so. Zu den renommierten und guten Busgesellschaften zählen vor allem Flota Inbabura, Panamericana, Transportes Ecuador und Transportes Esmeraldas.

Wenn Sie Ihren Pass verloren haben oder sonst ein konsularischer Schuh drückt, hilft die **Deutsche Botschaft** im Edificio City Plaza, Avenida Naciones Unidas, Nähe Avenida 6 de Diciembre, Tel.: 02-2970820. Hilfreich sind auch die von der Botschaft erarbeiteten Reisehinweise, abzurufen unter: *www.auswaertiges-amt.de*

**Flüge** innerhalb von Ecuador sind mit Ausnahme des Fluges nach Galápagos sehr preisgünstig. Für kaum mehr als 150 US$ hin und zurück kommen Sie in alle größeren Städte des Landes. Marktführer ist die vom ecuadorianischen Militär betriebene und recht gut gemanagte TAME.

Die **Flughafengebühr** bei der Ausreise aus Ecuador beträgt 40,80 US$.

Eine sehr angenehme Einrichtung sind die **Flughafentaxis**. Sie können bereits in der Empfangshalle ein Ticket zu Ihrem jeweiligen Hotel kaufen. Man bringt Sie zum Fahrzeug, Sie lehnen sich zurück, schauen aus dem Fenster auf die Straßen von Quito und so beginnt der Urlaub stressfrei und ohne nervtötende Diskussionen über den Fahrpreis.

Auf Märkten, in manchen Geschäften und manchmal sogar in Hotels können Sie **handeln**, allerdings in einem deutlich realistischeren Rahmen als in arabischen Ländern. Und: gerade auf den Märkten sind Ihre Geschäftpartner/innen ja auch keine Menschen, die in Geld und Profit schwimmen. Vielleicht sollte man es daher mit dem Feilschen nicht übertreiben.

Die dünne Luft in Quito **(2800 Höhenmeter)** kann zwei bis drei Tage lang zu Kopfschmerz und Unwohlsein führen; sie führt immer zu einer gewissen Kurzatmigkeit.

**Impfungen** sind für Ecuador nicht vorgeschrieben. Wer welche Impfungen bzw. Prophylaxen nehmen sollte, um sich objektiv und subjektiv optimal zu schützen, ist eine sehr individuelle Frage, die immer am besten der Hausarzt beantworten kann. Die bei weitem häufigste Reisekrankheit in Ecuador ist wie in alten Zeiten schon der Durchfall.

Ecuadorline (*www.ecuadorline.com*) ist das größte **Informationsportal** über Ecuador in deutscher Sprache. Übersichtlich und flott gestaltet, mit vielen guten Tipps zu Reiserouten und Unterkünften, mit Wissenswertem zu Land und Leuten, Fauna, Flora und was Ecuadorreisende sonst so interessiert.

Ecuador ist ein kleines Land – etwa so groß wie die frühere Bundesrepublik Deutschland – und dennoch beherbergt es eine Vielzahl verschiedenster **Klimazonen**. In den Anden kann es Ihnen passieren, dass Sie Frühling, Sommer, Herbst und Winter an einem Tag erleben. So ist es auch keine Seltenheit, in Quito jemand im T-Shirt neben einer Person im Alpaka-Pullover anzutreffen. Die meteorologisch wohl gegebene Jahreszeitenfolge lässt sich für Quito auf die Regel reduzieren: entweder es regnet oder es regnet nicht, je nachdem, wie Petrus gerade aufgelegt ist. Im Juli und August haben Sie die größten Chancen für herrliche Blicke auf schneebedeckte Vulkane vor azurblauen Himmel. An der Küste kann es vor allem weiter im Norden sehr heiß werden; wegen des kühlen Humboldt-Stroms kann es im Süden, hauptsächlich in der zweiten Jahreshälfte, aber auch monatelang neblig und kühl sein. In Amazonien liegen die Temperaturen zwischen knapp 20 Grad und über 35 Grad Celsius, je nach Ort, Tages- und Jahreszeit. Und über kräftigen Regen braucht man sich im Regenwald natürlich auch nicht zu wundern. Sie brauchen also einen geräumigen Koffer bzw. Rucksack, um für all dies die richtige Kleidung zu haben. Bergsteigerausrüstungen können über die Reisebüros bzw. Tourveranstalter gemietet werden.

Gängige **Kreditkarten** werden in besseren Hotels, Restaurants und Geschäften akzeptiert. In größeren Städten gibt es Geldautomaten, bei denen Visa und Mastercard am beliebtesten sind; einige Automaten mögen auch die EC-Karte. Lassen Sie sich beim Geldziehen von niemandem „helfen". Genau wie in Deutschland gibt es auch in Ecuador manipulierte Automaten.

Ja, zur Übeltätigkeit, ja, dazu ist man bereit, sagte schon Wilhelm Busch. Und in Gegenden mit großen sozialen Unterschieden ist die **Kriminalität** besonders hoch. So ist es auch in Ecuador, leider mit einer in den letzten Jahren deutlich steigenden Tendenz, und dies bei Aufklärungsraten, die niedriger sind als bei Max und Moritz. Allein unser meist sehr europäisch geprägtes Äußeres macht uns zur Zielgruppe von Gaunern, Ganoven und schlimmeren Leuten. Umgehängte Fotoapparate, Schmuck, wertvolle Uhren, dicke Portemonnaies, aber auch der kleine „Touristenrucksack" oder um den Bauch gebundene Geldgürtel sind für die Spitzbuben so etwas wie die Wurst für den Hund. Hüten Sie sich also vor Diebstählen! Nach meiner Erfahrung gibt es einige goldene Regeln, die helfen können: Keine Angst haben, denn ein guter Dieb spürt die Angst seines Opfers und weiß sie zu nutzen.

Aber immer aufmerksam sein und damit rechnen, dass etwas passieren kann. Unsichere Gegenden ganz meiden. Vor allem des Abends sollte man lieber mit dem Taxi fahren als den bisweilen bewaffneten Gaunern ins Messer zu spazieren. Bei Überfällen auf keinen Fall Gegenwehr leisten; denn auch die Gewaltbereitschaft im Land hat zugenommen. Ein besonders übler, aber auch origineller Trick ist, Ihre Kleidung, ohne dass Sie es bemerken, mit Senf oder Ketchup zu beschmieren. Wenn Sie sich dann von freundlichen Menschen helfen lassen, ist Ihr Geldbeutel auch noch weg. Schön wäre es, wenn Sie die Menschen im Gastland wegen solch unschöner Vorkommnisse nicht insgesamt in einem schlechten Lichte sehen. Denn ist es nicht so, dass in uns allen Gutes, aber eben auch Böses steckt und dass die gesellschaftlichen und sozialen Rahmenbedingungen das Verhalten aller Menschen sehr stark prägen? In Quito wird übrigens besonders viel in der Mariscal geklaut, während der engere Kern der Altstadt längst nicht mehr so gefährlich ist wie früher.

**Landeswährung** ist seit dem Jahr 2000 der US-Dollar. Die Cents heißen hierzulande Centavos und haben eigene ecuadorianische Münzen. Es gibt sogar eine messingfarbene, in Ecuador geprägte Dollarmünze, die natürlich auch nur in der Andenrepublik gilt.

Ein streng katholisches Land braucht diskrete Refugien für schnellen Sex. Und so sind die meist an den Ausfallstraßen der Städte liegenden **Motels** auch keine Herbergen für Reisende mit dem Auto, sondern Stundenhotels.

Malaria tritt in Ecuador nur selten auf; doch auch harmlose Stechmücken können Plagegeister übelster Art sein. Daher empfehle ich bei allen Fahrten ins Tiefland, ein Fläschchen mit **Mückenschutz** nicht als lästiges Übergepäck anzusehen.

Das größte **lokale Reisebüro** ist Metropolitan Touring (Av. de las Palmeras N45-74 y de las Orquideas, Tel.: 02-2988200, 02-3341439, *www.metropolitantouring.com*). Sehr gute Erfahrungen habe ich mit Enchanted Expeditions und seinem kenntnisreichen und freundlichen deutschen Geschäftsführer Wolfgang Boerschers (Calle de los

Alondras Ecke Calle de los Lirios, Tel.: 02-3340525, wolfgang@ enchantedexpeditions.com, *www.enchantedexpeditions.com*) gemacht. Spezialist für Reisen abseits vom Touristenpulk und Vertreter des deutschen Alternativ-Veranstalters Viventura ist Tom Jungh (08-5365488, tom@viventura-network.com). Last, but keinesfalls least empfehle ich: Salsa Reisen, das Reisebüro von Volker Feser, dem Autor des umfassendsten Ecuador-Reiseführers in deutscher Sprache. Salsa-Reisen organisiert auch maßgeschneiderte Individualreisen (Tel.: 02-2549358, salsa@salsareisen.com, *www.salsareisen.com*).

**Reisebüros in Deutschland**, die sich auf individuelle Ecuador-Reisen spezialisiert haben: Andenbüro (Rindermarkt 4, 94032 Passau, Tel. 0851-7565644, *www.andenbuero.de*) und Viventura (Kottbusser Damm 103a, 10967 Berlin, Tel.: 030-61675580, *www.viventura.com*), der familiäre Veranstalter mit dem Blick für verantwortungsvollen Tourismus.

Die Äquatorlage und in den Anden zusätzlich die Höhe führen zu einer extremen Sonneneinstrahlung. Hut und **Sonnenschutz** gehören also zur Grundausstattung; natürlich auch vor Ort erhältlich.

**Taxis** sind gelb lackiert und sehr preisgünstig. Am Tag fahren sie mit dem Taxometer, und es kostet weniger als 50 Cents pro Kilometer. Am Abend wird die Uhr nicht eingeschaltet, und es kostet etwas mehr. Ob der „Nachtzuschlag" angemessen ist, das hängt vom Charakter des Taxifahrers und von Ihrem Verhandlungsgeschick ab. In kleineren Orten auf dem Lande werden vielfach Pick-Ups als „Buschtaxis" eingesetzt, mit denen Sie für wenig Geld auch zu etwas abgelegeneren Plätzen kommen können.

Viele Internet-Cafés haben Computer-**Telefone**, die recht gut funktionieren und preisgünstig sind (nach Deutschland ca. 15 Cents pro Minute). Die in diesem Reiseführer angegebenen **Telefonnummern** enthalten alle die Vorwahl innerhalb Ecuadors wie z.B. die 02 für Quito, die – wie bei uns auch – wegfällt, wenn man innerhalb der Stadt anruft. Von Deutschland aus erreicht man Ecuador unter 00593, dann die Vorwahl der Stadt ohne die 0.

Vor allem bei Reisen in abgelegene Gegenden kann es sehr sinnvoll sein, ein Rolle **Toilettenpapier** dabei zu haben, denn dieses Hilfsmittel ist in Ecuador nicht überall so verbreitet wie bei uns.

Ein **Visum** brauchen Sie für Ecuador nicht. Pro Kalenderjahr darf man als Tourist insgesamt 90 Tage im Land bleiben. Innerhalb dieser Grenze sind mehrfache Einreisen möglich.

Bei **Wegbeschreibungen** der Einheimischen ist bisweilen ein gesundes Misstrauen nicht falsch. Denn die Höflichkeit verbietet es den Menschen, keine Auskunft zu geben, auch wenn sie sich nicht auskennen.

Und einen deutsch sprechenden und guten **Zahnarzt** gibt es in Quito auch: Dr. Mena, Avenida La Coruña Ecke Isabela la Católica, 02-2569149.

Gegenüber Deutschland gibt es eine **Zeitverschiebung** von sieben und im Winter sechs Stunden nach hinten; also, um die Mittagszeit ist es bei Ihren Lieben zu Hause schon Abend.

## 16. Schlaglicht
## … und zum Schluss noch einmal Quito, das Kapitel für Fortgeschrittene

*Karfreitagsprozession in Quito*

**Highlights:**

Die **Altstadt** bleibt **Highlight Nummer 1** und wird dabei immer schöner und gepflegter. Nach der Jahrtausendwende hat die Stadtverwaltung von Quito es geschafft, aus einem ziemlich heruntergekommenen und verlausten Weltkulturerbe ein historisches Zentrum zu machen, in dessen authentischem Ensemble man nach Herzenslust flanieren und Jahrhunderte alte Geschichte einatmen kann. Im Laufe der Zeit haben sich immer mehr schöne Hotels und Restaurants, auch solche der absoluten Luxusklasse im historischen Zentrum von Quito etabliert. Für Sicherheit bis in die Abendstunden hinein sorgt eine Extrabrigade Polizisten. An Sonntagen hat man sogar von 8.00 bis

16.00 Uhr den bei einem Stadtrundgang störenden Autoverkehr aus der Altstadt verbannt. Und für Romantik sorgen Pferdekutschen, die gegenüber der „Goldkirche" La Compañia für 5 US$ zu einer kleinen Rundfahrt durch die schönsten Straßen einladen.

Leider nur einmal im Jahr, aber mit dem Weihnachtsfest ist es ja genauso: die **Karfreitagsprozession** mit riesigen, über das Pflaster schleifenden Kreuzen, unter der Last ächzenden Trägern und Hunderten von gespenstischen Büßern. Die vermummten Cucuruchos lassen das Mittelalter lebendig werden; in langen Reihen eskortieren die purpurnen Kapuzenmänner das gewaltige Bildnis des Jesus del Gran Poder. Sie begleiten den machtvollen Christus auf seinem Weg des Leidens. Tausende von Menschen säumen die engen Straßen der Altstadt. Der Christusfigur wird Beifall geklatscht wie einem Popstar; authentisch gelebte, emotionale Religion, wie sie in Deutschland kaum noch vorstellbar ist. Start (12.00 Uhr) und Ziel (spät nachmittags) an der San Francisco Kirche. Am Mittwoch zuvor findet in der Kathedrale um Punkt zwölf Uhr mittags der **Arrastre de las Caudas** – frei übersetzt: das Schwingen der großen Tücher – statt, eine uralte Zeremonie mit bemerkenswerten Showeffekten, die heutzutage nur noch in Quito und im spanischen Sevilla stattfindet. Die Kurie trägt riesige schwarze Tücher, eins davon mit einem mächtigen, blutroten Kreuz, durch die von Weihrauch vernebelte Kirche. Dazu erklingen schwerste, fast gruselige Choräle, und die Kraft des Auferstandenen überträgt sich auf jenen Teil der sündigen Menschheit, der sich in der Kathedrale versammelt hat.

Die Ostergeschichte ist nicht frei von Elementen des Bösen; dies ist bis heute so geblieben. Achten Sie deshalb bei den Prozessionen auf **Taschendiebe**.

**Tipps:**

Nach vielen Jahren der Agonie hat an der Plaza Grande im Jahre 2007 das ehemalige **Nummer-Eins-Hotel** Quitos wieder aufgemacht. Früher hieß die legendäre Herberge Majestic, heute schlicht

**Plaza Grande** mit Zimmerpreisen, die weniger schlicht sind (ab 500 US$). Im dazugehörigen Café sind die überraschend zivilen Preise traditionsbewusst auch in Sucre, der früheren ecuadorianischen Währung angegeben. An diesem stilvollen und geschichtsträchtigen Ort schräg gegenüber dem Präsidentenpalast soll von den Politikern der Zeit auch schon mal einer der vielen Staatsstreiche des Landes ausgeheckt worden sein. Das edle Restaurant Belle Epoque im ersten Stock hält mit gutem Essen und einem wunderschönen Blick über die Plaza Grande, was sein Name verspricht.

Nett sitzt man auch im **Cafeto**, einem geschmackvoll eingerichteten Caféchen auf der Calle Chile im kolonial-ehrwürdigen Komplex des San Agustin-Konventes. Besonderer Gag für Pfennigfuchser ist die Verglasung zum Innenhof des Klosters: man kann einen Blick in die herrlichen Arkadengänge des Konventes werfen, ja sogar ein Foto davon machen, ohne Eintritt zu bezahlen.

Gleich vor der San Francisco Kirche ist das **Café und Kulturzentrum Tianguez**, ein Wort, was soviel wie Markt bedeutet. In antiken Gewölben werden alle nur erdenklichen Arten von Andenken und Kunstgewerbe ausgestellt und feilgeboten. Oder einfach eine Tasse Kaffee mit dem unvergleichlichen Blick über die weitläufige Plaza San Francisco, auf der es von Indigenen in traditioneller Tracht nur so wimmelt.

**Maria Augusta Urrutia** war eine vornehme Dame der traditionellen Oberschicht Quitos und hat eine Menge für die Armen getan. Sie hatte eine Garküche und eine Nähstube eingerichtet und einen großen Teil ihres Vermögens gespendet. Heute ist das unverändert gebliebene Haus der 1987 verstorbenen Wohltäterin auf der García Moreno schräg gegenüber der Compañia-Kirche ein Museum mit gediegenem Lokalkolorit. Dort kann man auf sich wirken lassen, wie die Reichen einst so lebten zwischen edlen Möbeln, der Familiengalerie in Öl, mattem Tafelsilber und mit Blattgold geschmückten Marienfiguren.

Längst vorbei sind die aussichtsarmen Zeiten, in denen es praktisch nur die **Terraza del Tártaro** im Obergeschoss eines Hochhauses an

*Blick über die Altstadt*

der Ecke Calle Veintimilla und Avenida Amazonas in der Neustadt gab. Heute haben Sie die freie Auswahl zwischen einer guten Handvoll von **Aussichtsrestaurants**, unter denen Sie sich eins aussuchen können, je nachdem, von welcher Seite Sie auf die Stadt blicken und wie viel Geld Sie ausgeben möchten. Für den Blick von Süden hat die Restaurant-Kette **Pim's** auf dem Panecillo-Hügel nach Jahren der Agonie das ehemalige Restaurant „Balkon Quiteño" wieder eröffnet. Anständiges, nicht zu teures Essen und ein Traumblick auf Quito. Man muss auf dem Panecillo auch nicht mehr wie früher ständig mit Überfällen rechnen. Von dem Aufstieg über die Treppen von der Altstadt aus ist allerdings nach wie vor abzuraten. Das edle Restaurant **El Ventanal** ist für den Blick von Nordwesten aus dem Stadtviertel San Juan über die Altstadt, den Panecillo und an klaren Tagen bis hin zum Cotopaxi zuständig – und für die Gourmet-Küche. Und von der Terrasse des eher bodenständigen **Vista Hermosa** (Calle Mejía 453) hat man einen Klasse-Blick aus dem Zentrum der Altstadt über ihre Dächer. Wer diese Perspektive mit einer würzigen Prise Lokalkolorit verbinden möchte, der/die gehe in die sympathische Kneipe **El Mote Colonial**, Calle Cuenca Ecke Calle Manabí und trete dort auf den Balkon hinaus.

Auf dem Itchimbía Hügel östlich über der Altstadt liegt das geschmackvoll eingerichtete **Café Mosaico** (Calle Manuel Samaniego N8-95). Dort können Sie Ihren Nachmittagskaffee bei einem unvergleichlich schönen Blick über die ganze Altstadt und auf das dahinter liegende Pichincha-Massiv genießen. In der Dämmerung gehen dann nach und nach die bunten Lichter an, mit denen die Türme der großen

Kirchen der Stadt angestrahlt werden. Café Mosaico, der beste Aussichtspunkt am frühen Abend! Gleich dahinter steht das **Centro Cultural Itchimbía**, eine eigenartig anmutende Stahlkonstruktion, die von Gustavo Eiffel stammen könnte. Es ist die vor etwas mehr als 100 Jahren aus Belgien importierte Markthalle, die früher mitten in der Altstadt stand. Irgendwann einmal geschlossen, abgebaut und eingemottet, wurde sie im Jahre 2003 auf dem Itchimbía Hügel wieder aufgebaut und ist nun eine Ausstellungs- und Kulturhalle der Extraklasse.

**Zwei** nicht so bekannte **Aussichtspunkte**: Verweilen Sie doch mal im **Restaurant des Hotel Real Audiencia**, Calle Bolívar Ecke Guayaquil; das preiswerte Essen ist nichts Besonderes, doch der wunderschöne Blick auf das Treiben der Plaza Santo Domingo mit der Jungfrau von Quito auf dem Panecillo im Hintergrund, lassen Speis' und Trank zur Nebensache werden. Besonders für Frühaufsteher empfiehlt sich ein Spaziergang durch den weitläufigen **Parque Metropolitano** im Nordosten der Stadt. Dort sind nicht nur Lamas zu entdecken; besonders in den Morgenstunden zeigen sich bisweilen die drei schneebedeckten Riesen Cotopaxi, Antisana und Cayambe.

Für einen entspannenden Sonntagspaziergang mit Südamerika-Flair empfiehlt sich der **Parque Ejido** zwischen der Altstadt Quitos und der Nordstadt. Dort finden Sie eine fröhliche Insel der Beschaulichkeit, eine Insel der Eltern und ihrer Kinder, der Spaziergänger und Radfahrer, der Eis- und Getränkebuden. Auf der dem Norden zugewandten Seite verkaufen Künstler/innen ihre Bilder und geschäftüchtige Indigene ihr Kunstgewerbe. Und wer große Kunst sucht, der findet sie in der **Casa de la Cultura**, die ebenfalls am Parque Ejido liegt. Museen gibt es in Quito bis zum Abwinken, doch die Casa de la Cultura ist herausragend. Ihre fantastische Sammlung der Zentralbank präsentiert einen Marsch durch die gesamte ecuadorianischen Kunst- und Kulturgeschichte. Da sind Gefäße, Figuren, Masken und geheimnisvoll glänzende Goldarbeiten der präkolumbischen Völker, da ist die theatralische, oft bluttriefende Kirchenkunst der Kolonialzeit, und es endet bei den besten Stücken der ecuadorianische Gegenwartskunst.

Die Gegend um den **Parque Alameda**, etwas südlich vom Parque Ejido war einmal eine der besten Adressen Quitos. Dann zog die bessere Gesellschaft weiter in den Norden und es ging bergab mit dem Viertel. Traurige Putten verwahrlosten in den Fassaden der herrschaftlichen Villen. Langsam tritt nun Besserung ein, vielleicht am ehesten festzumachen an dem superschicken **Hotel Mansión del Angel**, das 2010 seine Pforten in einem der alten Stadtpaläste geöffnet hat (Calle de los Ríos N13-134). Hier tummeln sich ganze Heerscharen von Engeln, Elfen und Amazonen aus Bronze, Holz oder Porzellan und solche auf Leinwänden. Die Dielen der liebevoll restaurierten Villa knarren unter der Last eines wilden Sammelsuriums von Stilmöbeln, und über den XL-Betten schweben himmlische Baldachine (Doppelzimmer 140 - 300 US$).

Auf der **Calle Isabela la Católica** gleich hinter dem Swissôtel hat sich in den letzten Jahren eine regelrechte Nobelfressmeile etabliert, auf der sich die feinen Adressen die Klinke in die Hand geben. Ob Italienisch, Neuperuanisch oder Fusionsküche, fast alles ist vertreten. Wer die Isabela la Católica einmal rauf- und wieder runterspaziert, hat garantiert etwas für seinen Geschmack gefunden. Und wer nicht, der gehe eine Querstraße in Richtung Osten in das seit vielen Jahren gut etablierte **Clancys** (Calle Toledo Ecke Calle Salazar): international, quiteñische Küche und amerikanischer Clubhaus-Stil. Auf der Isabela de Católica selbst ist mir besonders das **Lo Nuestro** (Hausnummer N24-535) aufgefallen, ein traditionsverwurzeltes Küstenlokal mit einer unvergleichlich leckeren Ceviche, aufgetragen von Kellnern im weißem Livree.

Studenten haben ihre Studentenkneipen, und die sind oft einen Besuch wert. So ist es auch in Quito. Wohl schon, seit in Ecuador studiert wird, gibt es den **Pobre Diabolo**, den „Armen Teufel" mit seinem abgewetzten Mobiliar im Holzwurm-Design (Calle Isabela la Católica, schräg hinter dem Swissôtel).

Das **Hotel Indoamerica** auf der Avenida Maldonado S2-67 ist ein echter Hartz IV-Reisetipp: Ein altes Patrizierhaus mit dutzendfach überstrichenen Gründerzeitmöbeln, knarrenden Dielen und dem unwiderstehlichen Duft von Bohnerwachs; dazu eine coole Gemeinschafts-terrasse mit Traumblick auf die Santo-Domingo-Kirche. Wo sonst kann man mit so viel Stil und Ambiente für 10 US$ das Doppelzimmer (mit eigenem Bad 16 US$) übernachten? Und das gesparte Geld kann gleich schräg gegenüber auf der Kneipengasse La Ronda lustvoll inves-tiert werden. Oder Sie gehen direkt gegenüber ins **Los Hervidos de Cumandá**, eine altquiteñische Gaststätte, in der eine Art Canelazo nach uraltem Rezept serviert wird. Der freundliche Wirt steht vor seinen dampfenden Emailletöpfen und rührt das angeblich gesund-heitsfördernde Gebräu aus dem Saft der Naranjilla-Frucht und (garan-tiert reinem) Zuckerrohrschnaps an.

Wenn Sie sich entschließen, den Zauber Quitos längere Zeit auf sich wirken zu lassen: Frau Andi Bernauer vermietet bezaubernde **Apart-ments** in der Altstadt. Die Unterkünfte sind zwischen 35 und 65 Quadrat-meter groß und kosten zwischen 220 und 450 US$ pro Monat. Sie liegen in Calle Francisco Quijano OE1-144 unweit der Calle la Ronda).

Quito ist eine ideale Stadt zum **Spanisch Lernen**. Im Andenhoch-land wird ein glasklares Spanisch gesprochen, noch dazu in einem gemäßigten, sehr Anfänger-freundlichen Sprechtempo. Sprachschulen gibt es sowohl in der Altstadt als auch im „Touristenviertel" Mariscal.

**Pinkelpause** im historischen Zentrum von Quito – kein Problem! Die Stadtverwaltung hat mindestens ein Dutzend Toilettenhäuschen aufstellen lassen.

**Geheimtipps:**

Machen Sie einen Streifzug durch das historische Zentrum und suchen Sie abseits der großen Klöster und Kirchen nach außerge-wöhnlichen Details. Es gibt unzählige, sehenswerte **Patios**. Hier sind prächtige, gepflegte Anlagen mit bunten Blumen und blank polierten Säulen, mit schweren Gemälden vollgehängte Galerien und vielfach verzierte, steinerne Brunnen. Dort gibt es halb zerfallene, schmudde-lige Hinterhöfe, aus denen zwischen Wäscheleinen und Eisenschrott das Flair längst vergangener, glanzvoller Zeiten atmet; verwitterte Holz-

*Historischer Patio im Alltagsbetrieb*

balustraden, ein Festschmaus für Termiten. Hier ein paar **Ent-deckeradressen** für alle die, die wenig Zeit für ihren Streifzug haben und schnell fündig werden wollen: Calle Rocafuerte Oe6-208, Calle Venezuela N1-35 und N7-31, Calle Imbabura N1-40 und N1-13. Oder der Innenhof des im ersten Schlaglicht empfohlenen Hotels San Francisco, Calle Sucre, Ecke Guayaquil, sogar mit Cafetería. Ein Beispiel aus der eher vornehmen Hofabteilung: Die ein gutes Jahrhundert alte Einkaufspassage Tobar an der Ecke Calle Sucre und Calle Guayaquil mit stattlichen Säulen, Stuck und der Büste einer bebrillten Lehrerin, die sich um die Menschen in Quito verdient gemacht und der **Pasaje Tobar** ihren Namen gegeben hat.

Wenn Sie von der Plaza Santo Domingo die Calle Rocafuerte hinauf gehen, vorbei an altehrwürdigen Kirchen und Konventen, dann tauchen Sie mehr und mehr in die alte, indigene Welt der Andenhauptstadt ein. Die Menschen tragen ihre traditionelle Kluft, rechts und links kauern sich kleine Lädchen in die historischen Fassaden. Da werden Kräuter und Plastikkram angeboten, Lebensmittel und Gewürze, Säcke voller Getreide, Kruzifuxe, Jungfrauenbildnisse und was man sonst im Leben so braucht; sogar ein Modegeschäft für Heiligenfiguren ist dabei. Ganz besonders fotogen **das Haus mit den 7 Patios** auf der Calle Rocafuerte Oe8-67; mit ein bisschen Glück ist gerade eine bunt gekleidete Indígena-Frau an einem steinernen Waschtrog zu Gange oder ein gebeugter Greis schlurft zwischen den alten Säulen dem Rest des einförmigen Tages entgegen. Wenn man den Wachmann an der Eingangstür höflich bittet, wird man auch hineingelassen.

In dem freundlichen **Stadtviertel San Marcos** östlich vom Altstadtkern haben die Anwohner ihre historischen Gebäude so schön hergerichtet als wollten sie Reisende zu einem Bummel durch ihre Sträßchen einladen. Auf der Calle Junin gibt es ein Museum für Architektur und eins mit Aquarellen, dazu das Gefühl, durch eines der ältesten Viertel Quitos überhaupt zu streifen. An der Plaza San Marcos gegenüber der sehenswerten Kirche finden Sie die winzig kleine Werkstatt von José

*Calle Imbabura*

Barrera. Er arbeitet noch wie ein Schreiner aus der alten Zeit und ist für alle, die spanisch verstehen, eine fantastisch sprudelnde Quelle der Geschichte Quitos mit all ihren Mythen und Legenden. San Marcos hat auch mit einer Restaurant-Attraktion aufzuwarten: Das **Octava de Corpus** ist Restaurant und Museum zugleich, untergebracht in einem der historischen Gebäude auf der Calle Junin (E2-176). Sie speisen inmitten von alter, wertvoller Kunst, modernen Werken und einer Prise Kitsch zur Auflockerung. Gute international-quiteñische Küche und ein exquisiter Weinkeller.

Lieben Sie Gruseleffekte? Damit kann die Kirchenkunst aufwarten. Ein besonders eindrucksvolles Beispiel hängt in der Catuña-Kapelle auf der Plaza San Francisco. An der linken Wand des kleinen, aber reich vergoldeten Gotteshauses hängt **der Tod höchstpersönlich**: ein völlig ausgemergelter Mann hält einen Totenschädel in der Hand; die Rippen stechen blutig aus seinem von Lepra zerfressenen Körper hervor.

**Kuriositäten:**

Im Kloster Carmen Alto (Calle Carcía Moreno an dem hübschen Torbogen Arco de la Reina) leben die Nonnen hinter dicken Mauern für den Rest der Welt unsichtbar in Klausur. Doch sie sind dabei durchaus geschäftstüchtig; sie verkaufen ihre Waren mittels eines knarrenden, in die massive Wand eingelassenen Drehkreuzes aus schwerem Holz. Im Angebot sind Honig, Haarshampoo gegen Schuppen und grässlich schmeckender Messwein. Doch allein der **Einkauf durch das Drehkreuz** und die Grabesstimme der Nonne hinter der Wand sind ein Erlebnis.

Auf der Calle Imbabura N2-57, gegenüber den mächtigen Mauern des Klosters San Francisco steht ein einstmals prächtiges Herrenhaus, das seit vielen Jahren weder Handwerker noch Anstreicher gesehen hat. Dafür hockt auf der brüchigen Balustrade im zweiten Hof ein **ausgestopfter Kondor** mit einem erbarmenswert zerzausten Federkleid. Das arme Geschöpf hat auch sein zweites, dekoratives Leben schon fast hinter sich; denn es stand unglücklicher Weise mitten im Hof, als ein

schrecklicher Regenguss niederging.
Der Zutritt zu derart verblichener
Pracht ist übrigens kein Problem,
solange man das Schild im Durch-
gang beachtet: La Persona que entra
y no saluda deja una duda, es mal

educada o es muda – Wer eintritt und nicht grüßt, hinterlässt einen
Zweifel, ist er schlecht erzogen oder ist er stumm.

Originell und empfehlenswert zugleich: das **Hostal Zentrum** im
Herzen des Vergnügungsviertels Mariscal an der Ecke Calle 9 de Octubre und Pasaje José Murillo. Die sympathische Herberge wird höchstpersönlich vom Inhaber Gerd geleitet, einem über 80jährigen Deutschen mit silbernem Pferdeschwanz und der Figur eines Sportlers. Hut
ab! Im Zentrum gibt es komfortable Doppelzimmer für 90 US$, aber
auch Backpacker-Schlafstellen für etwa 10 US$:

**Hotel Plaza Grande**
02-2510777
www.plazagrandequito.com
info@plazagrandequito.com

**Hotel Mansión del Angel**
02-2557721
02-2237819
www.mansiondelangel.com
mansion@mansiondelangel.com

**Hostal Zentrum**
02-2526263
www.hostalzentrum.com
info@hostalzentrum.com

**Hotel Indoamerica**
02-2955094
02-2285097

**Apartments in der Altstadt**
02-2280155
09-5036383
wantara@andinanet.net

Daniel A. Kempken

# Schlaglichter Berlin

Highlights und Kuriositäten · Tipps und Geheimtipps

## Vom selben Autor:

Der etwas andere Reiseführer. Zum Kennenlernen von Berlin und zum Schmökern. Für Leute, die noch nie in Berlin waren und für Leute, die schon seit 20 Jahren dort wohnen.

Nach fünf Jahren im südamerikanischen Ecuador hatte es den Autor nach Berlin verschlagen. Er merkte schnell, dass die deutsche Hauptstadt alles andere ist als eine gewöhnliche Metropole. Wie kaum irgendwo sonst gibt es neben einem beachtlichen Reigen an Sehenswürdigkeiten eine Vielzahl von außergewöhnlichen, einzigartigen, manchmal exotischen und geheimnisvollen Orten. Also hat er sich in seiner neuen Heimat auf die Socken gemacht und ist dem Besonderen nachgespürt.

Herausgekommen sind die **Schlaglichter Berlin**, ein Reiseführer für Leute, die

- kein dickes Buch mit sich herumschleppen wollen,
- die touristischen Highlights kennen lernen wollen,
- den einen oder anderen Geheimtipp suchen,
- Spaß an Kuriositäten haben,
- Restaurants, Kneipen und Orte mit Authentizität bevorzugen
- und sich über Tipps für gute Berlin-Bücher und -Filme freuen.

Brosch., 148 Seiten, zahlreiche Farb- und s/w-Fotos,
ISBN: 978-3-8391-2439-0, € 13,50

Erhältlich bei www.amazon.de und in jedem Buchladen

Leseprobe bei **www.schlaglichter.com**

# Außergewöhnliche Bilder für Anspruchsvolle

3 Beispiele von mehr als 100 Fotocollagen im Format 123 x 60 cm.

# www.stadt-land-bild.de

Stadt-Land Bild